Projetos
interdisciplinares

SÉRIE GESTÃO EDUCACIONAL

Ana Jamila Acosta
João Paulo Pooli
Márcia Rosa da Costa
Maria Fani Scheibel
Maria Maira Picawy

Projetos interdisciplinares

EDITORA intersaberes

Rua Clara Vendramin, 58 . Mossunguê
CEP 81200-170 . Curitiba . PR . Brasil
Fone: (41) 2106-4170
www.intersaberes.com
editora@editoraintersaberes.com.br

CONSELHO EDITORIAL
Dr. Ivo José Both (presidente)
Drª. Elena Godoy
Dr. Nelson Luís Dias
Dr. Neri dos Santos
Dr. Ulf Gregor Baranow

EDITORA-CHEFE
Lindsay Azambuja

SUPERVISORA EDITORIAL
Ariadne Nunes Wenger

ANALISTA EDITORIAL
Ariel Martins

PROJETO GRÁFICO
Raphael Bernadelli

CAPA/FOTOGRAFIA DA CAPA
Clarissa Martinez Menini

1ª edição, 2013.

Foi feito o depósito legal.

Informamos que é de inteira responsabilidade dos autores a emissão de conceitos.

Nenhuma parte desta publicação poderá ser reproduzida por qualquer meio ou forma sem a prévia autorização da Editora InterSaberes.

A violação dos direitos autorais é crime estabelecido na Lei nº 9.610/1998 e punido pelo art. 184 do Código Penal.

Dados Internacionais de Catalogação na Publicação (CIP)
(Câmara Brasileira do Livro, SP, Brasil)

Projetos interdisciplinares/João Paulo Pooli...[et al.]. – Curitiba: InterSaberes, 2013. – (Série Gestão Educacional).

Outros autores: Maria Maira Picawy, Ana Jamila Acosta, Maria Fani Scheibel, Márcia Rosa da Costa

Bibliografia.
ISBN 978-85-8212-482-6

1. Aprendizagem 2. Educação – Filosofia 3. Interdisciplinaridade na educação 4. Professores – Formação profissional I. Pooli, João Paulo. II. Picawy, Maria Maira. III. Acosta, Ana Jamila. IV. Scheibel, Maria Fani. V. Costa, Márcia Rosa da. VI. Título. VII. Série.

12-09029 CDD-371.3

Índices para catálogo sistemático:
1. Interdisciplinaridade: Prática pedagógica: Educação 371.3

EDITORA AFILIADA

Sumário

Apresentação, XI

(1) Ciência e interdisciplinaridade: os novos desafios do currículo escolar, 13

    1.1   Os professores e a formação para a interdisciplinaridade, 20

(2) Teorias e práticas: o desafio da interdisciplinaridade, 31

    2.1   A formação de professores e a interdisciplinaridade, 37

    2.2   O mundo contemporâneo e a interdisciplinaridade, 40

(3) Interdisciplinaridade e pensamento complexo, 47

    3.1   Retomando a interdisciplinaridade, 50

3.2 Fundamentos: os sete saberes, 52
3.3 Pilares para a educação: século XXI, 55

(4) Interdisciplinaridade e gestão escolar, 63

4.1 Uma escola reflexiva, 67
4.2 Interdisciplinaridade, 70
4.3 Dimensão curricular, 72
4.4 Competências: agir reflexivo, 74
4.5 Gestão escolar, 75

(5) O professor e a interdisciplinaridade: rupturas e possibilidades, 81

5.1 A ação docente numa perspectiva compartilhada, 84

(6) Formação contínua de professores, 93

6.1 Formação contínua dos professores: pressupostos teóricos, 96
6.2 Sugestão de elementos para um projeto de formação contínua de professores, 101

(7) Construção de projetos interdisciplinares de estudo: da teoria à prática, 107

7.1 Projetos interdisciplinares: uma discussão inicial, 110

(8) Elementos de um projeto interdisciplinar, 123

8.1 Projetos interdisciplinares: considerações preliminares, 126
8.2 Centro de interesse, 131

(9) Práticas interdisciplinares: da educação infantil ao ensino médio, 139

9.1 A interdisciplinaridade na prática cotidiana, 142
9.2 A interdisciplinaridade e o desenvolvimento de projetos, 144
9.3 Exemplos de projetos, 147

(10) Os temas transversais no currículo escolar, 171

10.1 O que são os temas transversais?, 174
10.2 Os temas transversais, o processo de ensino-aprendizagem

e a postura do educador, 176

10.3 Os temas transversais propostos pelos Parâmetros Curriculares Nacionais (PCN), 182

10.4 Estratégias metodológicas e avaliação dos temas transversais, 184

Referências, 193

Gabarito, 197

*Muitas velas. Muitos remos.
Âncora é outro falar...
Tempo que navegaremos
não se pode calcular.*
– Cecília Meireles

Apresentação

Este livro objetiva uma incursão conceitual e prática em torno da compreensão de projetos interdisciplinares. Configura-se como um elemento de partida, gerador de tempo/espaço para compartilhamentos, reflexões, debates e práticas.

Nós, professores, temos de encontrar uma solução para que nossa docência não se torne solitária, de conteúdos petrificados, fragmentados, desvinculados da realidade. Além disso, devemos percorrer a organização das ciências à luz do enfoque globalizador, estabelecendo relações entre as diferentes disciplinas que compõem o currículo.

Nesse contexto, este livro apresenta dez capítulos, tendo como elemento aglutinador a interdisciplinaridade, desde a sua gênese até a prática na sala de aula, com o objetivo de provocar reflexão crítica, análise e reconstrução de práticas docentes.

Hoje, mais do que em tempos anteriores, nossos processos de ensinar e aprender encontram-se preenchidos de responsabilidades que vão ao encontro das exigências da compreensão e das possibilidades de construção da autonomia e da responsabilidade social. Trabalhar com significado e contextualização traz, antes de mais nada, a organização de uma intencionalidade libertadora de dimensões subjetivas de pessoas, que têm, então, dignificado seus direitos como seres humanos. Trata-se de um direito pleno ao arbítrio e às escolhas, às eleições de suas certezas e às orientações para as suas incertezas.

Este texto quer aproximar essas possibilidades da realidade de nossos professores, que vêm elegendo questões ímpares para exercer com muita credibilidade sua profissão. Queremos repartir nossos estudos e multiplicá-los a todos aqueles que têm ideais de solidariedade, de desenvolvimento humano e social e, acima de tudo, de sustentabilidade moral e ética.

Desejamos um bom estudo a nós todos.

(1)

Ciência e interdisciplinaridade:
os novos desafios do
currículo escolar

João Paulo Pooli é graduado em Sociologia (1984) pela Universidade do Vale do Rio dos Sinos (Unisinos), mestre (1994) e doutor (1999) em Educação pela Universidade Federal do Rio Grande do Sul (UFRGS) e pós-doutor em Sociologia (2005) pela Universidade de Barcelona – Espanha. Tem experiência na área de sociologia, com ênfase em teoria sociológica e cultura, atuando principalmente nos seguintes temas: educação, cultura, estudos culturais, infância e ciência política.

João Paulo Pooli

Falar sobre CIÊNCIA e INTERDISCIPLINARIDADE é sempre uma tarefa muito complicada porque, em geral, são temas altamente controversos e, por isso mesmo, muito difícil de se encontrar uma definição que seja consensual entre os cientistas. O que se observa é que um conjunto muito grande de autores utiliza conceitos diferenciados para tentar explicar as mesmas coisas, provocando mais confusões nos alunos do que esclarecendo o que significa construir práticas pedagógicas interdisciplinares. Este capítulo não pretende resolver definitivamente esses problemas, mas sim tentar estabelecer provisoriamente pelo menos uma forma, das muitas possíveis, de tornar operacional a interdisciplinaridade para as atividades de aprendizagem em sala da aula.

Como sabemos, os CONHECIMENTOS que a escola trabalha com os alunos no cotidiano educacional são organizados por meio das DISCIPLINAS científicas. Estas, por sua vez, são tentativas escolares de organizar campos demarcados pela produção de conhecimentos (com pressupostos de validez) e definidos pelos objetos e métodos específicos de cada investigação. Para Rey (2002, p. 139):

> As disciplinas constituem um sistema de divisões, propriamente escolar, que se encontra em constante defasagem com a maneira pela qual se repartem os conhecimentos entre as ciências. Assim, sabe-se efetivamente que um certo número de disciplinas escolares reagrupam diversas ciências.

Assim, a Matemática, a Biologia, a História, a Psicologia e outras matérias são divisões estabelecidas arbitrariamente e transformadas em matérias ou conteúdos escolares, os quais estão vinculados a um conjunto de conhecimentos que provisoriamente estão assegurados e validados por pesquisas científicas, produzidas pelos vários campos de investigação. Mas é evidente que o fazer pedagógico se ocupa da assimilação de um rol de conteúdos que trata a ciência de maneira simplificada, delimitada e reduzida.

> Enquanto toda área da pesquisa científica se encontra incessantemente em conexão com problemas, com debates, com noções que a envolvem e a precedem, "o efeito da delimitação produz, ainda, fato essencial do ponto de vista da epistemologia, a descontextualização do saber, sua desinserção da rede de problemáticas e de problemas que lhe confere seu sentido completo, uma ruptura do jogo intersetorial constitutivo do saber

no seu movimento de criação e de realização". Sendo assim autônomos, fechados, autoconsistentes, os saberes escolares podem apresentar-se como contendo a sua própria origem, como não exigindo nenhum pré-requisito e, portanto, como suscetíveis de serem adquiridos pelo aluno, ou seja, o principiante. É nessa condição que a aquisição do saber é programável, quer dizer, que se pode imaginar uma ordem de sucessão das noções, que vai do elementar ao complexo, e do fácil ao difícil. (Rey, 2002, p. 142)

De qualquer forma, devemos ter cuidado ao tratar as disciplinas como representação da verdade científica. Foucault (2008, p. 9-10) é bem claro quando trata desse tema:

uma disciplina não é a soma de tudo aquilo que pode ser dito de verdadeiro a propósito de qualquer coisa; nem mesmo é o conjunto de tudo aquilo que, a propósito de um mesmo dado, pode, pelo princípio de coerência ou sistematização, ser aceite. A medicina não é constituída pela totalidade do que se pode dizer de verdadeiro sobre a doença; a botânica não pode ser definida pela soma de todas as verdades que dizem respeito às plantas. Há duas razões para isso: em primeiro lugar, a botânica ou a medicina, como qualquer outra disciplina, são feitas tanto de erros quanto de verdades, erros que não são resíduos ou corpos estranhos, mas que têm funções positivas, uma eficácia histórica, um papel muitas vezes indistinto do das verdades.

As disciplinas, nesse sentido, são princípios de controle da produção dos discursos que cada campo investigativo constitui para se estabelecer no cenário científico.

Não podemos esquecer que a ciência tem como função mais ampla contribuir para que possamos construir e compreender melhor o mundo em que vivemos, bem como discutir essas questões com as jovens gerações.

Dessa forma, caracteriza-se por utilizar claros critérios metodológicos e, nesse sentido, é diferente dos conhecimentos produzidos pelo senso comum que, em geral, são pouco sistemáticos, inconsistentes, fragmentados e fortemente valorativos.

Com isso, não estamos afirmando que o senso comum deva ser descartado, mas, sim, constituir-se como um sistema mais ligado às considerações de ordem prática, dos costumes distanciando-se, assim, do trabalho intelectual/ científico. O senso comum é na realidade uma precondição para a construção dos saberes mais especializados e, como tal, não deveria ser submetido a uma ordem hierárquica em relação à ciência.

Nesse contexto, a INTERDISCIPLINARIDADE pode ser caracterizada como uma tentativa de estabelecer relações de trabalho associadas entre um conjunto de disciplinas, buscando uma aproximação entre conceitos, para analisar problemas específicos e concretos. Por vezes, criam-se condições objetivas de criação de novos conceitos com base em diálogos interdisciplinares. Para Morin (2000), há uma inadequação cada vez mais ampla, profunda e grave entre os saberes, pois estão separados, fragmentados, compartimentados entre disciplinas que se hiperespecializam, impedindo que se veja o global e o essencial em problemas que estão cada vez mais polidisciplinares, transversais, multidimensionais, transnacionais, globais e planetários.

Superar as políticas de fragmentação disciplinária seria o objetivo principal da interdisciplinaridade. Para Santomé (1998, p. 6):

> *Uma das razões desta política de fragmentação disciplinar é resultado da tendência dos pesquisadores a perfilar os problemas a serem estudados de uma maneira muito precisa, para*

resolvê-los com maior rapidez. O forte peso da cultura do positivismo, com sua ênfase na precisão, e a imposição de determinadas metodologias de pesquisa e, portanto, de formas de legitimação do conhecimento favoreceram a caminhada em direções disciplinares mais reducionistas; ganhava-se nos níveis de precisão nos quais se trabalhava, mas em geral perdia-se nas questões relativas à sua relevância.

Na visão desse teórico, a interdisciplinaridade é fundamentalmente um processo e uma filosofia de trabalho. Nesse sentido, Santos, citado por Santomé (1998), diz que

> *A interdisciplinaridade não se produz a partir das disciplinas. Ela se produz a partir das metadisciplinas. Eu converso com os outros colegas a partir da minha filosofia e da deles. Mas não da minha disciplina. Se eles não tiverem a filosofia, se eles não forem capazes de produzi-la, não há possibilidade de diálogo. Outro problema é que a filosofia não está sendo capaz de ajudar na produção das filosofias particulares. Os filósofos me ajudaram, mas nenhum deles foi capaz de me entregar um esquema. E não podiam. Imagine um filósofo se ocupar de coisa tão boba como a geografia! Mas cada disciplina, olhando a realidade a partir de um prisma, tem, ela própria, sua rede e seus pontos nodais, que formam a rede. E a teoria é uma rede. A teoria não é um conceito solto, é um sistema de conceitos. Então, os filósofos acabam sendo os inspiradores e depois, lá adiante, os fiscais. Mas cada disciplina tem que elaborar a sua filosofia.*

A interdisciplinaridade tem grandes possibilidades de ser efetivada se não forem esquecidos os pressupostos filosóficos que orientam e fundamentam as disciplinas, bem como os que dão consistência a elas. As práticas interdisciplinares estão sempre em construção, são provisórias e necessitam de constantes aprimoramentos, exatamente por se constituírem redes de trabalho atravessadas por um conjunto de filosofias específicas que dialogam, confrontam-se, associam-se e compartilham problemas.

Por meio da perspectiva anunciada até agora, a interdisciplinaridade apresenta grandes dificuldades para ser implementada como prática cotidiana nas escolas, dada a natureza disciplinar que tem organizado e orientado o trabalho pedagógico. A escola moderna se estruturou com base na lógica das ciências clássicas, que segmentou os conhecimentos através de um sistema de classificação e ordenação de disciplinas, que individualmente aparentam possuir uma homogeneidade interna, principalmente em relação a objetos, técnicas, instrumentos e regras.

O trabalho pedagógico interdisciplinar, antes de qualquer processo de implantação, requer uma reflexão sobre a formação dos professores para esse tipo de atividade. É o que faremos a seguir.

(1.1)
Os professores e a formação para a interdisciplinaridade

Tradicionalmente, a formação de professores é analisada por meio de, pelo menos, três vieses. O primeiro discute as questões que envolvem os saberes docentes, mobilizando estudos e análises sobre os saberes teóricos (científicos) e as práticas pedagógicas que o professor deve desenvolver, para dar conta das demandas exigidas para se educar nas salas de aula. O segundo aborda as políticas para organização, desenvolvimento e planejamento da educação, portanto mais ligado a questões político-ideológicas. E, por último, há um campo que investiga as relações entre conhecimento e formação docente, mais diretamente vinculado à epistemologia do professor, sendo abordado pelas áreas da psicologia, psicogênese, psicopedagogia e outras.

Embora essas temáticas sejam fundamentais, nesse momento é importante discutir, sob um ponto de vista mais amplo, os desafios que envolvem as práticas docentes em sala de aula. Nossa argumentação se dará em torno das possibilidades de a educação ser assumida como uma prática cultural e, portanto, admitir a centralidade que a cultura[a] tem na configuração da escola contemporânea. Portanto, construir projetos interdisciplinares passa necessariamente por considerar a educação escolar como um lugar de cultura, e esse é fundamentalmente um campo interdisciplinar.

Se considerarmos a educação como uma ação social, podemos compreender que ela

> é significativa tanto para aqueles que a praticam quanto para os que a observam: não em si mesma, mas em razão dos muitos e variados sistemas de significado que os seres humanos utilizam para definir o que significam as coisas e para codificar, organizar e regular sua conduta em relação aos outros. Estes sistemas ou códigos de significado dão sentido às nossas ações. Eles nos permitem interpretar significativamente as ações alheias. Tomados em seu conjunto, eles constituem nossas "culturas". Contribuem para assegurar que toda ação

---

a. A expressão *centralidade da cultura* indica aqui a forma como a cultura penetra em cada recanto da vida social contemporânea, fazendo proliferar ambientes secundários, mediando tudo. A cultura está presente nas vozes e nas imagens incorpóreas que nos interpelam das telas, nos postos de gasolina etc. Ela é um elemento-chave no modo como o meio ambiente doméstico é atrelado, pelo consumo, às tendências e às modas mundiais (Hall, 1997).

social é "cultural", que todas as práticas sociais expressam ou comunicam um significado e, neste sentido, são práticas de significação. (Hall, 1997)

A educação é um campo privilegiado, no qual as práticas de significação e ressignificação são trabalhadas no campo das relações de poder, dominação, subordinação, resistência, superação e aceitação cultural. Na escola, como espaço de educação, produzem-se todas essas ações, constituindo um jogo de relações culturais que incorpora tanto aspectos substantivos – "o lugar da cultura na estrutura empírica real e na organização das atividades, instituições, e relações culturais na sociedade, em qualquer momento histórico particular" (Hall, 1997) – quanto aspectos epistemológicos – "posição da cultura em relação às questões de conhecimento e conceitualização, em como a 'cultura' é usada para transformar nossa compreensão, explicação e modelos teóricos do mundo" (Hall, 1997). Na cultura escolar, os aspectos substantivos e epistemológicos transitam com total desenvoltura, e é nesse lugar que professores e alunos "negociam" significados.

Se analisarmos historicamente como se configuraram as funções da escola, poderíamos dizer que ela utilizou privilegiadamente a "razão" e a "verdade" como ferramentas principais para executar as tarefas educacionais. O "método científico", o rigor, a comprovação, a experimentação, a demonstração, os resultados objetivos e a validez eram condições para o progresso intelectual, cujo objetivo deveria ser encontrar uma lei universal para a organização do mundo. Nessa lógica, cabe à escola instruir as crianças e os jovens para ingressar nesse mundo "objetivo", por meio da racionalidade científica, transformando-os em cidadãos, como desejava Condorcet[b]. Por consequência, os professores que se ocupariam da educação das crianças e dos jovens nas escolas deveriam ter uma formação científica rigorosa com todos os requintes de um sólido princípio racional de orientação, que somente admitiria a ciência como verdade universal.

No século XVII, Comenius (2002) disse que a escola deveria ensinar tudo a todos e, nesse "tudo", estavam incluídos, além dos conhecimentos das ciências e das artes, também os costumes. Mas, apesar disso, a escola moderna foi se especializando e valorizando muito mais as disciplinas do campo das ciências exatas (Matemática, Física, Química, Biologia) do que disciplinas das ciências sociais, talvez pelo fato de as primeiras serem mais facilmente mensuráveis, aplicáveis, observáveis e, portanto, mais "seguras" para dar conta das burocracias escolares como, por exemplo, as notas do sistema meritocrático.

Ao longo da sua trajetória, os programas curriculares nas escolas foram se marginalizando, sem excluir as questões culturais que têm muita visibilidade em disciplinas como a Sociologia, a História, a Filosofia e a Geografia, muitas vezes se alegando que não são conteúdos "importantes" para construir carreiras acadêmicas "sólidas", como as engenharias, a medicina, a administração, entre outras. Por sua vez, os conteúdos culturais seriam mais reservados a

---

b. Marie Jean Antoine Nicolas Caritat, marquês de Condorcet (1743-1794), era filósofo e matemático, membro da Academia de Ciências e presidente do Comitê de Instrução Pública da Assembleia Legislativa Francesa. Elaborou, em 1792, o Plano de Instrução Nacional, que defendia principalmente a instrução pública como ação emancipatória e condição necessária para o desenvolvimento do homem republicano, da razão, da democracia e da cidadania, tendo em vista a situação dos pobres e ignorantes – o povo.

discussões ordenadas e organizadas por um amplo campo, denominado de *cultura geral*, que envolveria conhecimentos considerados pouco científicos por estarem sujeitos a discussões de natureza ideológica, moral, religiosa ou política. A burocracia, homogeneizando procedimentos, alunos, professores e currículos, transformou um LUGAR CULTURAL num LUGAR DE CIÊNCIA, que quer se compreender neutro, igualitário, democrático e impermeável a discussões culturais, econômicas, políticas, identitárias e étnicas, como já analisado por vários pesquisadores.

Martín-Barbero (2003) tem afirmado com veemência que não é mais possível compreender o mundo fora de um processo de comunicação com o mundo. Pensando no conceito de HEGEMONIA CULTURAL, ele considera que a comunicação se converteu no "mais eficaz motor de desengate e de inserção das culturas" (Martín-Barbero, 2003, p. 13), produzindo bens simbólicos ajustados a seus públicos consumidores por meio da escola, da televisão, da imprensa etc. Nesse sentido, a cultura irriga toda a vida social, rompendo com as forças tradicionalmente regulamentadoras e estabilizadoras da escola. Se para Martín-Barbero (2003) o mercado não pode sedimentar tradições, então, o mesmo se aplica à escola, que progressivamente vai abandonando (ou jogando para a periferia) objetivos antes tão caros, como a exclusividade da formação moral e ética, da socialização, da instrução, da disciplina e da produção de sentido. Hoje, isso é compartilhado e negociado em praticamente todas as instâncias em que as comunicações, os discursos, as narrativas, as leituras e as ações vão se intertextualizando. Aprender na escola passa necessariamente por codificar e decodificar "acontecimentos discursivos em uma cultura" (Focault, 2000, p. 95).

A cultura escolar está incorporada no dia a dia da escola, e isso se traduz em processos acelerados de homogeneização cultural. Embora a instituição escolar, por via da sua "missão civilizadora", já tenha sido inventada como um lugar de produção de iguais, nunca tanto como agora ela tem se culturalizado. As transformações do modo de vida das pessoas, que está atualmente impregnado de mensagens culturais e carregado de seus correspondentes artefatos, invadem a escola, dessacralizando os saberes científicos clássicos. Não é possível ensinar e aprender por meio de disciplinas puras, isoladas em seus próprios discursos e afastadas dos contextos culturais.

Nessa nova ordem, é muito preocupante que a atual formação dos professores continue sendo orientada quase unicamente para questões que envolvam metodologias, didática e legislação. Não afirmamos que essas áreas não sejam necessárias para as atividades pedagógicas em si, mas será que elas conseguem construir o que pedagogicamente hoje se denomina *ambiente de aprendizagem significativo*, para promover a formação de cidadãos conscientes, inteligentes, socializados e "prontos" para o mundo que os espera?

Sem entrar em questões mais específicas e ideológicas sobre a obra de Durkheim, destacamos que esse autor, em seus escritos sobre educação, faz duas afirmações que são difíceis de contestar e que vêm muito bem a calhar nesse momento. A primeira delas considera que cada profissão e, portanto, também a de professor, "constitui um meio *sui generis* que reclama aptidões particulares e conhecimentos especiais, onde reinam certas ideias, certos usos, certas maneiras de ver as coisas" (Durkheim, 2001, p. 95). As atividades educacionais nas escolas estão envolvidas em uma rede de acontecimentos que terminam por constituir uma cultura escolar, que produz sentido ao ritual pedagógico. É pouco discutível o reconhecimento público de que os fazeres educativos tenham características específicas e que estas ocorrem em um lugar também singular, a escola, que se reproduz principalmente por meio de processos burocráticos institucionais. Nesse contexto, caberia aos professores de História, Matemática, Artes, Física etc. ter determinadas "habilidades" para dar conta das demandas da educação escolar, que exige um "saber fazer" próprio, o que inclui metodologias e didáticas já há muito tempo pensadas por filósofos, tal como Comenius (2002), na sua obra *Didática Magna*.

A segunda afirmação de Durkheim se refere aos conhecimentos que são necessários aos professores para que eduquem com qualidade. Para ele, "quanto melhor conhecermos a sociedade, melhor poderemos dar-nos conta de tudo o que se passa neste microcosmo social que é a escola" (Durkheim, 2001, p. 108). Embora parta do pressuposto questionável de que o modelo escolar seja uma reprodução exata da sociedade, ele acerta em afirmar a necessidade de se compreender a sociedade (processos, configurações, transformações, descontinuidades, rupturas) para atingir os "fins da educação".

As afirmações de Durkheim seriam tranquilas se os fins socializadores da educação continuassem a ser os mesmos que foram estabelecidos na sua época, embora muitos desses fins perdurem renitentemente em muitos documentos educacionais, como os projetos político-pedagógicos exigidos pela burocracia escolar. Como tem afirmado Touraine (2006, p. 80), a concepção de uma educação como fator de socialização está "batendo em retirada, e chovem queixas de todos os lados". O sociólogo argumenta que a escola, ao se propor a favorecer a igualdade, na realidade, progressivamente tem ampliado os privilégios daqueles que culturalmente já pertencem a um meio educado.

O mundo contemporâneo tem se constituído num desafio para a educação e não se tem muitas certezas sobre quais são os caminhos a serem trilhados, que podem estar voltados aos denominados *processos de ensino-aprendizagem* que envolvem a ecologia da escola, aos impasses sobre as formas de gestão, aos problemas que constam nas políticas curriculares, às múltiplas propostas de políticas públicas e/ou privadas ou às alternativas que se apresentam, que geralmente são restritas e pouco duradouras. Isso porque, na vida líquida, como argumenta Bauman (2007, p. 7), "as condições sob as quais agem seus membros mudam num tempo mais curto do que aquele necessário para a consolidação, em hábitos e rotinas, das formas de agir". Para Sennett (2006), a instituição escolar tem pouca capacidade de fixar-se a longo prazo numa sociedade que mantém relações de curto prazo. Ainda para esse autor, os professores têm sérias dificuldades para atuar, uma vez que a sua formação objetiva condições estáveis de ação, tanto em relação ao conhecimento científico como em relação às normas, à disciplina, aos procedimentos e às avaliações em condições instáveis e fragmentárias (Sennet, 2006).

A interdisciplinaridade pode ser uma alternativa para a educação escolar contribuir para que as novas gerações tenham processos de escolarização mais conectados com o mundo da vida. Santomé (1998, p. 27) argumenta que

> *O mundo em que vivemos já é um mundo global, no qual tudo está relacionado, tanto nacional como internacionalmente; um mundo onde as dimensões financeiras, culturais, políticas, ambientais, científicas, etc. são interdependentes e onde nenhum de tais aspectos pode ser compreendido de maneira adequada à margem dos demais. [...] O currículo globalizado e interdisciplinar converte-se assim em uma categoria "guarda-chuva" capaz de agrupar uma ampla variedade de práticas educacionais desenvolvidas nas salas de aula,*

e é um exemplo significativo do interesse em analisar a forma mais apropriada de contribuir para melhorar os processos de ensino e aprendizagem.

Como já afirmamos anteriormente, não é nada fácil construir e concretizar projetos interdisciplinares, mas isso não significa que as escolas não devam refletir sobre essas possibilidades. Os próprios Parâmetros Curriculares Nacionais (PCN) aconselham que as propostas curriculares tratem os conteúdos de modo interdisciplinar, buscando integrar o cotidiano social com o saber escolar. Interdisciplinaridade é um desafio que pode e deve ser buscado pelas escolas; cabe a cada uma procurar o seu próprio caminho.

Indicação cultural

FAZENDA, Ivani (Org.). *Interdisciplinaridade na formação de professores*: da teoria à prática. Canoas: Ulbra, 2006.

Esse livro traz um conjunto de textos apresentados em um congresso sobre o tema da interdisciplinaridade. Sugerimos a sua leitura para complementar o que foi abordado neste capítulo, trazendo assim análises de outras implicações da interdisciplinaridade na educação.

Atividades

Marque as alternativas corretas nas atividades que seguem.

1. Segundo o texto apresentado, a função principal das ciências é:
   a. fazer descobertas científicas.
   b. corrigir problemas científicos.
   c. descobrir novos problemas científicos.

d. construir e compreender melhor o mundo em que vivemos.
e. descobrir a origem do universo.

2. A tentativa de estabelecer relações de trabalhos associadas a um conjunto de disciplinas, buscando uma aproximação entre conceitos para analisar problemas específicos e concretos, caracteriza a:
   a. disciplinaridade.
   b. multidisciplinaridade.
   c. interdisciplinaridade.
   d. transdisciplinaridade.
   e. transversalidade.

3. As práticas de significação e ressignificação são próprias do campo da(s):
   a. educação.
   b. cultura.
   c. interdisciplinaridade.
   d. multidisciplinaridade.
   e. ciências.

4. "Ensinar tudo a todos" é uma proposta para a educação de qual dos pensadores a seguir?
   a. Condorcet.
   b. Durkheim.
   c. Foucault.
   d. Rousseau.
   e. Comenius.

5. Segundo o texto deste capítulo, a escola moderna se estruturou com base na lógica das:
   a. ciências sociais.

b. ciências da educação.
c. ciências políticas.
d. ciências clássicas.
e. ciências humanas.

(2)

Teorias e práticas: o desafio
da interdisciplinaridade

João Paulo Pooli

Embora uma boa parte dos sujeitos que pensam atualmente a educação indiquem como necessária uma abordagem interdisciplinar das políticas curriculares, essa tarefa não é tão fácil como se supõe. Talvez o principal desafio seja como transformar boas teorias em práticas pedagógicas interdisciplinares em sala de aula. Em geral, as teorias que tratam desse tema são demasiadamente abstratas e necessitariam de estudos prolongados para que pudéssemos compreender seus fundamentos, tempo que os cursos de formação de professores não têm, pois os currículos de Pedagogia tradicionalmente trabalham com um amplo conjunto de disciplinas, o que dificulta um aprofundamento teórico. Para Meirieu (2002, p. 117):

> Como já se observou muitas vezes, o discurso pedagógico não deve ser entendido como um sistema de pensamento coerente, constituindo um conjunto homogêneo, cujos diferentes elementos se articulariam harmoniosamente entre si de maneira perfeitamente racional. Ele é, ao contrário, uma soma de textos heterogêneos, de fragmentos heteróclitos e de estatutos diferentes que, no interior da obra de cada autor e no vasto conjunto que elas constituem, permite desenhar um cenário complexo e caótico.

No mesmo sentido, algumas práticas pedagógicas são completamente intuitivas, têm como base a experimentação e são desvinculadas de teorias educativas. Esse tipo de procedimento muitas vezes tem melhores resultados do que as práticas derivadas de reflexões teóricas, contudo, está muito vinculado ao empenho e/ou talento pessoal de alguns professores, o que impede uma análise sobre seus fundamentos e possibilidades de reprodução.

Em relação aos problemas que envolvem as teorias educacionais e as correspondentes práticas pedagógicas, é necessário considerar que, para dar conta dos desafios que nos impõe o cotidiano escolar, é relevante analisar as questões que envolvem as teorias e as práticas. E aqui nos referimos às TEORIAS como um CONJUNTO ORGANIZADO E SISTEMATIZADO de interpretações e traduções sobre o mundo social, e às PRÁTICAS, como a MATERIALIDADE DAS AÇÕES CONCRETAS, que nos permitem interferir na ordem das coisas e que sejam possíveis de se observar empiricamente.

Para que seja possível começar a pensar na configuração de um ambiente educativo interdisciplinar, são necessárias novas articulações político-pedagógicas, que são irredutíveis dos processos de aprendizagem e reflexão científica. Não como imposição, mas somente como sugestão, poderiam ser discutidas nas escolas algumas questões como as apresentadas a seguir:

- Pensar um projeto político-pedagógico que procure compreender as configurações sociais em que a escola está inserida, pois não é mais possível conviver em ambientes educativos desvinculados do mundo da vida. Nessas circunstâncias, as disciplinas curriculares poderiam, além de dar conta dos seus "conteúdos" específicos, tratar de problemas cotidianos que aproximem os conteúdos teóricos das diversas dimensões da realidade, envolvendo diferentes campos científicos em colaboração mútua. Ao longo do tempo, as disciplinas tenderiam a se tornar mais abertas e fluidas, quebrando a rigidez que foi lhes dando forma historicamente.
- Durante muito tempo, as decisões sobre a organização curricular nas escolas era uma questão mais política do que pedagógica, o que provocou um retraimento da qualidade dos processos de ensino-aprendizagem. Hoje essa organização é política, pedagógica e cultural. Ou seja, a efetivação de uma ordem democrática tem permitido uma grande flexibilidade para que as escolas construam espaços de discussão e crítica, possibilitando uma grande autonomia para os centros educativos produzirem novas formas de ensino. Ao mesmo tempo, a concepção, de escola como lugar de homogeneização cultural está progressivamente dando espaço a uma nova concepção, que privilegia uma diversidade de saberes, lugares, informações e conhecimentos. As escolas têm o compromisso político da ação para iniciar, consolidar e dar curso a processos de discussão

curricular que contemplem os múltiplos locais de produção e difusão das informações, além de transformar essas informações em conhecimentos.

- Articular na escola, entre as áreas de conhecimento (as disciplinas), um conjunto de pressupostos teóricos que tenham dimensões pedagógicas, com vistas a possibilitar compreensões do mundo da vida, com caráter não reducionista e muito menos relativista, buscando ampliar as discussões teóricas sem perder de vista a realidade cultural na qual os atores sociais estão imersos.
- Discutir o fato de que, por estarmos seriamente inclinados a questionar atualmente a eficácia dos métodos de ensino, das didáticas e das metodologias, não significa que possamos abandonar por completo esses estudos.

Como afirma Meirieu (2002, p. 117), a experiência pedagógica é fundamental. É possível tratar das questões didático-metodológicas fazendo desaparecer as possibilidades de se encontrar caminhos seguros ou "verdadeiros" para solucionar os problemas de congruência entre teorias e práticas a respeito da realidade educacional. Para esse autor,

> *O caráter singular de toda situação educativa, seu aspecto radicalmente inédito, de fato impede uma transferência automática e compromete as apropriações que nunca se sabe realmente se seremos capazes de pôr em prática. Há na situação educativa uma experiência da singularidade que nos parece desencorajar qualquer "aplicação" e impor que desconfiemos das proximidades de situações que deixam escapar especificidades que, justamente elas, podem por tudo em questão. Nunca sabemos como reagirão nossos alunos ou as crianças que nos são confiadas, não sabemos por que a aventura que vivemos com eles nunca foi vivida por ninguém antes de nós, pelo menos dessa maneira, e que seria errado acreditarmos,*

portanto, que alguém pudesse teorizá-la por nós. (Meirieu, 2002, p. 266-267)

As possibilidades de concretizar práticas de interdisciplinaridade dependem muito das condições específicas nas quais são implementadas. A interdisciplinaridade não existe separadamente, de maneira isolada e independente, das configurações educacionais (quadro de professores, direção, comunidade escolar, estudantes etc.) que possibilitam que esse tipo de experiência possa ocorrer. Uma configuração educacional é diferente de outra, o que faz com que cada experiência seja possivelmente única. Cabe, portanto, aos atores envolvidos, ser proativos na construção e na fertilização de práticas interdisciplinares, mantendo-se atentos às soluções e aos problemas que se apresentam como desafios ao longo do caminho.

(2.1)
A formação de professores e a interdisciplinaridade

Nos cursos de Pedagogia, os alunos têm protestado reiteradamente a respeito do excesso de disciplinas de natureza teórica, em detrimento das disciplinas que tratam das práticas – técnicas, didáticas, metodologias e modelos pedagógicos para "dar" uma boa aula. Porém, aquilo que eles consideram como teoria no interior das disciplinas acadêmicas não é mais do que uma seleção fragmentada, recortada, incompleta, das análises que um conjunto de educadores realiza sobre campos de investigação particulares. Seria quase desnecessário exemplificar os absurdos que ocorrem com as teorias de Jean Piaget (as disciplinas de Psicologia da Educação se resumem nos "estágios de desenvolvimento da criança") e as de Vygotsky (que se resumem nas funções do professor como "mediador" do processo educativo). Se perguntarmos aos alunos da área de pedagogia se estudaram essas teorias, eles certamente responderão que sim.

Na realidade, os problemas que os professores têm em concretizar as suas tarefas pedagógicas derivam geralmente da dificuldade em compreender a educação com base nas dimensões mais amplas em que ela está hoje envolvida. Não é mais possível supor que os sistemas de ensino que pretendem ter alguma qualidade no trato com o conhecimento prossigam a aplicar os mesmos procedimentos didático-pedagógicos, sem levar em consideração as mudanças culturais que vêm ocorrendo em todos os âmbitos da vida cotidiana.

Outro fator que contribui decisivamente para agravar os limites de desenvolvimento das pedagogias escolares é, certamente, o isolamento a que são submetidos os professores. Talvez uma observação de Kuhn (1989, p. 24) sobre esse assunto seja procedente: "embora a ciência seja praticada por indivíduos, o conhecimento científico é intrinsecamente um produto de grupo, e nem a sua peculiar eficácia nem a maneira como se desenvolve se compreenderão sem referência à natureza especial dos grupos que a produzem". Há a necessidade de que se estabeleçam conexões nas comunidades de aprendizagem para aquilo que realizam, e que isso seja compreensível por todos os que participam do processo. As práticas interdisciplinares na educação, para se efetivarem, necessitam que a comunidade escolar fomente e mantenha um diálogo constante e crítico sobre elas, principalmente analisando aquilo que estão fazendo, como estão fazendo e por que estão fazendo em relação às práticas pedagógicas no cotidiano de sala de aula. Isso supõe que o projeto interdisciplinar tenha ação e objetivos concretos, pois segundo Santomé (2004, p. 16-17),

> *falar de interdisciplinaridade é observar as aulas, o trabalho curricular do ponto de vista dos conteúdos culturais, ou seja, investigar quais as relações e os grupos de conteúdos que podem ser postos em prática, por temas, por conjuntos de conteúdos, por áreas de conhecimento e experiência, etc. Consequentemente, o programa integrado é o resultado de uma filosofia sociopolítica e de uma estratégia didática. Tem como fundamento uma concepção do que é a socialização das novas gerações, o sonho de um ideal de sociedade, do sentido e do valor do conhecimento e, para além disso, de como se podem facilitar os processos de ensino e aprendizagem. Não nos esqueçamos que as questões curriculares são uma dimensão diferente, mais à imagem de um projeto de maiores dimensões de cada uma das sociedades, como é exemplo a política cultural. Qualquer proposta curricular implica opções sobre parcelas da realidade, partindo da ideia de seleção cultural que se oferece às novas gerações de forma a facilitar a sua socialização: com o intuito de as ajudar a compreender o mundo que as rodeia, conhecer a sua história, valores e utopias. [...] O problema das escolas tradicionais, onde se dá uma forte ênfase aos conteúdos apresentados em pacotes de disciplinas, é que não acreditam que os alunos sejam capazes de ver esses conteúdos como parte do seu próprio mundo. Quando a física, a química, a história, a gramática, a educação física e as matemáticas não são visíveis para a maioria dos estudantes, é fácil que tudo o que é ensinado nas aulas só se entenda como "estratégia" para os aborrecer ou, de uma forma mais otimista, ser o preço a pagar para que possam transitar de curso para curso com a esperança de obter uma licenciatura e depois logo se vê o que acontece.*

A instituição escolar aparece como o reino da artificialidade, um espaço em que existem umas normas particulares de comportamento, em que se fala de uma forma peculiar e em que não é necessário executar determinadas rotinas, que apenas servem para obter felicitações ou sanções por parte dos professores e, inclusive, das próprias famílias, mas não passa disso.

Superar a artificialidade didático-metodológica parece ser o maior dos desafios que se impõem aos professores, principalmente se levarmos em consideração o peso histórico que a instituição escolar e seus atores carregam há muito tempo.

(2.2)
O mundo contemporâneo e a interdisciplinaridade

Uma dificuldade em relação à construção de práticas interdisciplinares se refere à necessidade de reconhecimento da realidade cultural na qual estão inseridos os atores sociais. Configurar políticas curriculares integradas e coerentes com a realidade tem sido um desafio contínuo dos professores, justamente pelas dificuldades em compreender como a cultura tem adquirido um papel central contemporaneamente.

Por que a cultura se encontra no centro de tantas discussões e debates, no presente momento? Em certo sentido, a cultura sempre foi importante. As ciências humanas e sociais há muito reconhecem isso. Nas humanidades, o estudo das linguagens, a literatura, as artes, as ideias filosóficas, os sistemas de crença morais e religiosos constituíram o conteúdo fundamental, embora a ideia de que tudo isso compusesse um conjunto diferenciado de significados – uma cultura – não foi uma ideia tão comum como poderíamos supor. Nas ciências sociais, em particular na sociologia, o que se considera diferenciador da "ação social" – como um comportamento que é distinto daquele que é parte da programação genética, biológica ou instintiva – é o que ela requer e é relevante para o significado. Os seres humanos são seres interpretativos, instituidores de sentido. A ação social é significativa tanto para aqueles que a praticam quanto para os que a observam: não em si mesma, mas em razão dos muitos e variados sistemas de significado que os seres humanos utilizam para definir o que significam as coisas e para codificar, organizar e regular sua conduta uns em relação aos outros. Estes sistemas ou códigos de significado dão sentido às nossas ações. Eles nos permitem interpretar significativamente as ações alheias. Tomados em seu conjunto, eles constituem nossas "culturas". Contribuem para assegurar que toda ação social é "cultural", que todas as práticas sociais expressam ou comunicam um significado e, neste sentido, são práticas de significação. (Hall, 1997, p. 26)

De acordo com Hall (1997), a cultura penetra em cada canto da vida social, principalmente se levarmos em conta os avanços das mídias globalizadas, provocando uma circulação acelerada das informações através da mediação por computadores, redes eletrônicas, TV por satélite e/ou internet, redes digitalizadas multimídia, comunicação eletrônica, comunidades virtuais que interconectam instantaneamente as pessoas, independentemente das distâncias físicas. Essa "invasão" da cultura revoluciona a vida cotidiana, tornando-a cada vez mais irregular, imprevisível, dinâmica e padronizada. Castells (2001, p. 354) argumenta que

A integração potencial de textos, imagens e sons no mesmo sistema, interagindo a partir de pontos múltiplos, no tempo escolhido (real ou atrasado) em uma rede global, em condições de acesso aberto e de preço acessível – muda de forma fundamental o caráter da comunicação. E a comunicação, decididamente, molda a cultura porque, como afirma Postman "nós não vemos... a realidade... como 'ela' é, mas como são nossas linguagens. E nossas linguagens são nossas mídias. Nossas mídias são nossas metáforas. Nossas metáforas criam o conteúdo de nossa cultura". Como a cultura é mediada e determinada pela comunicação, as próprias culturas, isto é, nossos sistemas de crenças e códigos historicamente produzidos são transformados de maneira fundamental pelo novo sistema tecnológico e o serão ainda mais com o passar do tempo.

Dessa forma, o mundo contemporâneo tem-se tornado muito mais instável do que pensavam a sociologia, a antropologia ou a filosofia clássica, que tentavam sustentar um projeto seguro, contínuo e estável de desenvolvimento econômico, político e social. Possivelmente nos encontramos envolvidos em um momento de transição acelerada para outras formas de configurar a vida social, de novas significações e de transformações relevantes de produção cultural. Cabe ressaltar que a sociedade sempre esteve "em movimento". Na realidade, ela não experimentou historicamente períodos de total estabilidade em que pudesse haver um amplo acordo sobre seus rumos, a não ser quando esses "acordos" foram utilizados como instrumento ideológico de dominação política.

Elias (1980), nesse sentido, defende a tese de que a sociedade está sempre em processo de "desenvolvimento", cujo sentido a ser seguido muitas vezes se encontra fora de nosso controle; na maioria dos casos, não sabemos de antemão que direção esses processos irão tomar no curso da história. Para ele, é relevante o fato de que são incontáveis as mudanças conjunturais na sociedade que não implicam mudanças na sua estrutura e, portanto, quando discursamos sobre uma sociedade em constante transformação, devemos ter claro de que mudanças se estão tratando. Tentando evitar as finalidades teleológicas, Elias considera que as mudanças estruturais são de longo prazo, em direções específicas e independentes de como as valorizemos. É nesse campo que faz sentido analisar e compreender as identidades, a cultura, as mídias, a globalização, a diferença, os gêneros, as etnias, as representações e as subjetividades.

Em relação à aprendizagem, Bauman (2007, p. 153-154) afirma ser necessário que se APRENDA NO CAMINHO, significando que a capacidade de aprender rapidamente deve estar associada à de esquecer instantaneamente. Para ele, a educação e a aprendizagem no ambiente líquido-moderno devem ser contínuas e eternamente inconclusas, constituindo-se em uma reformação permanente.

Seguindo os argumentos anteriores, podemos considerar que construir teorias e práticas interdisciplinares requer muito mais do que "boa vontade", desprendimento, dedicação ou envolvimento dos professores. Encontramo-nos diante de novos desafios que implicam o fato de reconhecermos o mundo no qual estamos mergulhados e considerarmos como relevantes as circunstâncias que organizam esses novos tempos "culturais". Para Sacristán (2007, p. 26), a educação em um mundo globalizado tem de superar as obviedades e a clareza aparente dos fenômenos. Um olhar global sobre o mundo em rede é fundamental para a construção de um novo currículo com perspectivas interdisciplinares efetivas.

Indicação cultural

CASTELLS, Manuel. *A sociedade em rede*. 10. ed. São Paulo: Paz e Terra, 2001.

Esse livro é indicado para maiores aprofundamentos, pois se constitui numa obra de referência para todos aqueles que desejam compreender os problemas que a sociedade contemporânea está enfrentando. A globalização, as tecnologias da informação, as novas culturas digitais, a mudança nos processos econômicos, as empresas e a economia global em rede fazem parte de um conjunto de discussões que pretendem analisar as transformações contemporâneas.

Atividades

Marque a alternativa correta nas atividades que seguem.

1. Para que possamos pensar na configuração de um ambiente educativo interdisciplinar, são necessárias novas articulações de caráter:
   a. estrutural.
   b. pedagógico.
   c. político-pedagógico.
   d. curricular.
   e. didático.

2. Compreender as configurações sociais em que a escola está inserida é uma condição necessária para se evitar principalmente:
   a. a disciplinaridade.
   b. a multidisciplinaridade.
   c. a interdisciplinaridade.

d. conviver em ambientes educativos desvinculados do mundo da vida.

e. construir projetos pedagógicos equivocados.

3. Segundo o texto, a interdisciplinaridade não existe separadamente, de maneira isolada e independente das:
   a. configurações educacionais.
   b. relações entre os professores.
   c. dinâmicas educativas.
   d. disciplinas.
   e. políticas curriculares.

4. Para se efetivarem, as práticas interdisciplinares na educação necessitam do fomento e da manutenção de um diálogo constante e crítico entre:
   a. os professores e os alunos.
   b. a direção da escola e os professores.
   c. os educadores.
   d. a comunidade escolar.
   e. os pais e os alunos.

5. Segundo o que foi abordado neste capítulo, a questão central para que seja possível a realização de práticas interdisciplinares diz respeito:
   a. à política.
   b. à economia.
   c. à sociologia.
   d. à antropologia.
   e. à cultura.

(3)

Interdisciplinaridade
e pensamento complexo

Maria Maira Picawy é graduada em Pedagogia com habilitação em Supervisão Escolar (1988) pela faculdade Porto-Alegrense de Educação, Ciências Humanas e Letras (Fapa), mestre (1993) e doutora (2008) em Administração da Educação, ambos pela Pontifícia Universidade Católica do Rio Grande do Sul (PUCRS). Tem vasta experiência na área de educação, com ênfase em administração e gestão de sistemas educacionais do ensino superior.

Maria Maira Picawy

As perspectivas de composição e implementação das dimensões interdisciplinares em contextualizações de comunidades escolares e/ou ambientes educativos se tornam muito mais rapidamente viáveis se forem vistas como um ponto de apoio imprescindível ao PENSAMENTO COMPLEXO. A interdisciplinaridade e o pensamento complexo, suas caracterizações e possibilidades de inter-relações norteiam todo este terceiro capítulo. As proposições interdisciplinares devem trazer uma constância de interrogações que só se tornam possíveis pelo viés da adoção de uma forma de elaboração de pensamento que contemple as possibilidades dialéticas e dialógicas da complexidade, tanto das formas quanto dos seus conteúdos.

(3.1)
Retomando a interdisciplinaridade

A organização interdisciplinar envolve concepções bastante claras de construções participativas rumo à autonomia e à cidadania de todos que compõem a comunidade escolar, desde a gestão escolar, sobre a qual falaremos no próximo capítulo, passando pela gestão dos ambientes educativos de sala de aula – em quaisquer espaços –, alcançando até as famílias e compondo um todo. A noção é ampla e traz uma possibilidade de vida, ou seja, vivências em situações diversificadas, oportunizadas pela sociedade, pelos grupos sociais aos quais as pessoas pertencem, chegando aos seus lares. A noção interdisciplinar também é, ao mesmo tempo, muito específica, pois se compõe no interior de cada indivíduo, quando ele mesmo consegue organizar inter-relações de entendimento; na docência, acontece no ambiente escolar e educativo, quando então o professor intenta, mediante organizações didático-metodológicas, a construção do conhecimento. O que queremos trazer são as multicondições e interfaces da concepção interdisciplinar por meio das constatações de que sua prática depende quase que totalmente de um mapa conceptivo de configurações referenciais que traduzem um "currículo de vida" de todas as pessoas e instituições, desde suas caracterizações e ações num plano macro até o plano micro.

Como estamos trabalhando especificamente com a área da pedagogia, vamos focar a interdisciplinaridade no processo escolar, alvo do perfil docente que a pedagogia se propõe a construir de modo participativo e integrado.

A interdisciplinaridade, como princípio fundante da cidadania escolar, está baseada em valores que determinam práticas sociais articuladas em contextualizações, que trazem para a vivência efetiva e relevante da sala de aula educadora[a] uma ação interlocutora docente/discente dialógica, conscientizadora e planejada sob processos humanizadores. Essas ações desenvolvem-se em tempos e espaços sociais e históricos com objetivos e meios altamente evidenciadores das dimensões próprias de cada sociedade em que se incluem, ou seja, critérios claros da diversidade, das equidades e das especificidades culturais da "multiculturalidade". Não há como ser interdisciplinar sem trazer para o ambiente, no qual se constrói conhecimento, toda a problematização e os desafios que pertencem aos sujeitos desse ambiente. O próprio entendimento das questões constitutivas do ambiente e suas interações já está baseado na visão interdisciplinar que os atores têm da situação proposta ou está presente. Nessa questão, o conhecimento social e o escolar se fundem no currículo integrado, que se torna um relevante conjunto articulado de saberes e competências situado e contextualizado em representações, linguagens, sinais, espaços e territórios personalizados, nos quais a reflexão crítica, a problematização, as mediações e as apropriações constroem a autonomia individual e também a coletiva.

---

a. Quando usamos a expressão *sala de aula educadora*, estamos aliando a concepção de sala de aula regular institucionalizada com a de ambientes educativos.

A interdisciplinaridade traz então uma proposição de articulação sistêmica que exige a superação da fragmentação, a navegação em possibilidades conceituais de reflexão sobre os contextos, a organização de saberes agregadores que desenvolvam e orientem competências, um olhar de totalidade e de integração. Trata-se de uma postura de interação docente, discente, de contexto, de objeto do saber, de saberes e competência, que interrogue e questione, que ilumine e estabeleça patamares de enriquecimento e amadurecimento às pessoas e a suas ações profissionais e pessoais.

A interdisciplinaridade considera a ruptura de fronteiras, que são vistas como pontos de acesso, de recepção, de chegada, e não como cercanias divisórias. A interdisciplinaridade provoca e convive com a complexidade porque deve incorporar as novas leituras, linguagens, formas e concepções de multiculturalidade, de vidas em comunidades, de ambientes educativos diferenciados; somente quando há espaço para o pensamento complexo, ou seja, quando há lugar para o diálogo entre visões distintas e diferentes, trazendo o entendimento e o convívio ético, é que se pode permitir uma forma interdisciplinar de ensino.

(3.2)
Fundamentos: os sete saberes

O teórico que traz uma das mais significativas contribuições para as questões interdisciplinares – que abrem espaço ao movimento, bem como o subsidiam – é Morin (2003), que trabalha profundamente o pensamento complexo por meio de sua organização didática. Destacam-se

Os sete saberes necessários à educação do futuro e também *Educação e complexidade: os sete saberes e outros ensaios*, obras que passaremos a abordar conjuntamente.

Nos textos em que Morin (2003) trabalha as questões da educação, complexidade e saberes são inter-relacionados de modo que passamos a compreender o processo educativo como uma forma absolutamente "religada"[b], em redes de relações, implicações, fenômenos, realidades solidárias e conflitivas, diversidades, identidades e que nos conduzem às diferenças compartilhadas, problematizadas e reproblematizadas. Para que possamos reaprender e religar, Morin (2003, p. 73) nos orienta às "boas vontades latentes para a solidariedade". O autor nos diz ainda que os saberes são esforços que se organizam por meio de algumas orientações: rejuntar ciências, humanidades, naturezas e culturas; conviver com a incerteza racional, que razão e desrazão integram a cognição; resgatar a unidualidade do ser humano; desobedecer a paradigmas disjuntores do sujeito, do objeto, da existência da essência; da parte do todo; do texto e do contexto.

Conforme Morin (2003, p. 73), estes são os sete saberes:

1. AS CEGUEIRAS DO CONHECIMENTO – Quando há a cegueira paradigmática, a visão de conhecimento (ou teórica) se organiza apenas sobre um autor, uma teoria, uma visão, uma concepção, uma só razão ou uma única interpretação. O conhecimento deve ser construído sobre diferentes fontes, autores, concepções, incertezas, desequilíbrios, fatores inesperados, permitindo que cada indivíduo se habilite e se fortifique mediante elementos de lucidez, resolução de conflitos e decisão.

---

b. Sobre esse tema, veja Morin (2001b).

2. Os princípios do conhecimento pertinente – Baseiam-se na organização da construção contextualizada, nas relações de entendimento e de complementaridade, na complexidade das pessoas e dos objetos, nas múltiplas racionalidades, nas junções, na busca de pontos convergentes e divergentes.
3. Ensinar a condição humana – Viver e reconhecer a complexidade, a multidimensionalidade, as inter-relações das inúmeras características dos indivíduos, da sociedade, da natureza e do universo. É o abandono de quaisquer visões unilaterais sob quaisquer fundamentos; os indivíduos, suas ações, os ambientes, os conhecimentos, as formas, os tempos, a cultura, todas as esferas de análises são complexas, são múltiplas, são intercomplementares, só ganham significado quando vistas e analisadas nas suas reais condições de individualidade, que, no todo com outras, formam a complexidade.
4. Ensinar a identidade terrena – Como se desenvolvem, se relacionam, se sustentam as fases terrenas; como se conformam os acontecimentos mundiais dos séculos através das ciências, as eras e os seus pensamentos e pensadores: unidades, diversidades, identidades, poderes, ideologias, correntes, ou contradições: amor e ódio, consciência antropológica/ecológica/cívica/ética/espiritual.
5. Enfrentar as incertezas – Saber sobre as condições históricas, fases criadoras e destruidoras de ciências, conhecimentos e humanidades; sobre convergências e divergências sociais, ambientais, educacionais, políticas; sobre relacionamentos entre pessoas e organizações.
6. Ensinar a compreensão – Conhecer sentimentos de solidariedade intelectual e moral da humanidade;

compreensão humana intersubjetiva; dificuldades e facilidades éticas; cultura planetária, introspecção da consciência da complexidade humana, da subjetividade, da compreensão da incompreensão.

7. A ÉTICA DO GÊNERO HUMANO – Significa dar-se conta da cadeia de três termos: indivíduo/sociedade/espécie; consciência da ética humana, a antropoética nos circuitos: indivíduo/sociedade/democracia/complexidade/ harmonização na humanização da humanidade.

Os sete saberes necessários à educação do futuro, conforme nos orienta Morin (2003, p. 73), dizem respeito muito de perto às questões trazidas pelas diretrizes curriculares das licenciaturas – processos de graduação de formação de professores –, pois orientam as competências. A articulação de saberes, atrelada a suas vivências contextualizadas, promove ações autônomas, responsáveis e competentes.

(3.3)
Pilares para a educação: século XXI

Em 1993, Jacques Delors (2000), como presidente da Comissão Internacional, criada em 1991, a partir da Conferência Geral da Organização das Nações Unidas para a Educação, a Ciência e a Cultura (Unesco), iniciou a organização de um relatório, sob o título "Educação: um tesouro a descobrir", como instrumento ímpar à revisão crítica da política educacional de todos os países diante do processo de globalização das relações econômicas e culturais. Concluído em setembro de 1996 pelo Ministério da

Educação (MEC), tornou-se um documento muito importante no processo de repensar a educação brasileira.

Antecedendo a esse relatório, de características similares e também publicado pela Unesco, Edgar Faure, em 1972, organiza o relatório *Aprender a Ser*, um dos pilares que irá continuar a ser desenvolvido por Jacques Delors.

O relatório de Delors (2000) escolhe seis dimensões sobre as quais trabalha e reflete, tendo em vista o processo educativo: educação e cultura; educação e cidadania; educação e coesão social; educação, trabalho e emprego; educação e desenvolvimento; educação, investigação e ciência. Como temas transversais, são destacados: tecnologias da comunicação; docência e processo pedagógico; financiamento e gestão.

Os quatro pilares da educação para o século XXI devem atender a "saberes e saber-fazer evolutivos, adaptados à civilização cognitiva, pois são as bases das competências do futuro" (Delors, 2000, p. 89). São eles:

1. APRENDER A CONHECER – São saberes codificados pelo esforço disciplinar sobre os elementos já constitutivos da área do conhecimento e sua projeção de futuro. A dimensão da ciência disciplinar é altamente necessária e fortalecedora da composição interdisciplinar; somente por meio do conhecimento aprofundado é que podem advir possibilidades de articulações interdisciplinares.

2. APRENDER A FAZER – Diz respeito direto à personalidade profissional, competência de qualificação; são as relações laborais contextualizadas, a equipe, a gerência, a gestão, o empreendedorismo, as determinações que consagram as identidades vocacionais, educadoras, didáticas, metodológicas, de ampliação de roteiros e de projeções.

3. APRENDER A VIVER JUNTO, APRENDER A VIVER COM OS OUTROS, APRENDER A CONVIVER – Refere-se à convivência em uma variedade de elementos sociais, culturais, históricos e políticos que podem ser harmônicos ou diferentes; o importante é a reflexão para a convergência de ideais pelas reflexões críticas integrativas, de cidadania, de responsabilidade, de comunhão e de solidariedades.

4. APRENDER A SER – Pilar que permanece desde 1972, é o significado do desenvolvimento total e harmônico da pessoa; é "espírito e corpo, inteligência, sensibilidade, sentido estético, responsabilidade pessoal, espiritualidade" (Delors, 2000, p. 99); a organização, a construção e a apropriação de cada pessoa, pelo trabalho coletivo, de seu próprio exercício de autonomia, cidadania, liberdade, integridade e arbítrio.

Os quatro pilares trazem a convicção da educação ao longo da vida, da formação continuada e do quanto esses processos e essas interações ratificam a valorização de todos os seres humanos em práticas comuns, contribuindo com suas parcelas de responsabilidade. O aprender é o pilar mestre/constante e indica a necessidade da disponibilidade ao novo, aos fatos, às pessoas, que trazem, então, embutida, toda a complexidade que lhes é peculiar.

A dinâmica do pensamento complexo traz a contemplação das diferenças, requer um exercício dialógico e dialético entre pessoas e, nelas, encontram-se suas crenças, seus valores, seus modos de interpretação, suas culturas, multiculturalidades. Pensar com complexidade significa perceber contradições e complementaridades, dar espaço às religações, construindo sentidos lógicos que podem unir conceitos fundamentais que, soltos, poderiam não constituir significados, reunir diversidades e proposições problematizadoras que só adquirem razão se forem percebidas as suas "religações".

A construção da interdisciplinaridade é mais harmônica quando as concepções e os elementos aliados ao pensamento complexo dos seres humanos estão presentes e são claros, em caráter de adoção.

Os sete saberes necessários à educação do futuro do século XXI, descritos por Morin (2003), orientam-nos nas circunstâncias que devem ser contempladas no exercício da complexidade. Não há ação consistente que não esteja sustentada por um saber que lhe fundamente, que lhe referencie. Os saberes significam bases de sustentação de todas as problematizações e são necessários para todas as linguagens comunicativas, pois se conectam, se complementam; são interdisciplinares.

Indicação cultural

MORIN, Edgar. *A religação dos saberes:* o desafio do século XXI. Rio de Janeiro: Bertrand Brasil, 2001.

Essa obra de Edgar Morin conta sobre sua presidência de um "conselho científico", em meados de 1998, na França, consagrado a fazer sugestões para o ensino médio, o qual tinha como objetivo superar a fragmentação disciplinar e a compartimentação entre as culturas científicas e humanistas, rumo às finalidades educativas fundamentais: formar espíritos capazes de organizar seus conhecimentos; ensinar a condição humana a viver e refazer uma escola de cidadania. Foram eleitas oito jornadas temáticas: o mundo; a terra; a vida; a humanidade; línguas, civilizações, literatura, artes e cinema; a história; as culturas adolescentes; a religação dos saberes.

Cerca de 70 professores participaram das 8 jornadas, entre os dias 16 e 24 de março de 1998, dando conta de 53 textos que as compõem, seguidas de observações finais do autor.

Atividades

1. A interdisciplinaridade, como princípio fundante da cidadania escolar, está baseada em valores que determinam práticas sociais articuladas. Esses valores podem ser:
   I) Cidadania.
   II) Autonomia.
   III) Solidariedade.
   IV) Verdade.
   V) Justiça.

   Assinale a alternativa correta:
   a. Somente o item I está correto.
   b. Os itens II e III estão corretos.
   c. Os itens IV e V estão corretos.
   d. Nenhum item está correto.
   e. Todos os itens estão corretos.

2. A interdisciplinaridade traz uma proposição de ARTICULAÇÃO SISTÊMICA. A expressão em destaque significa:
   I) isolamento de elementos.
   II) completa inter-relação de elementos.
   III) integração de início e final.
   IV) ausência de integração, considerações individuais.
   V) grupos de trabalho em sinergia.

Assinale a alternativa mais adequada:
a. Nenhum item está correto.
b. Os itens I, II e III estão corretos.
c. Os itens II e V estão corretos.
d. Os itens III, IV e V estão corretos.
e. Somente o item II está correto.

3. Leia as afirmativas a seguir e assinale a alternativa que contém a resposta correta:
   I) Os "saberes" fundamentam o pensamento complexo.
   II) "Ensinar a compreensão" significa ver os outros como são.
   III) "Enfrentar as incertezas" significa ver um fato e também o seu oposto.
   IV) Delors trouxe seis pilares para a educação.
   V) Aprender a criticar é um dos pilares da educação.

   Assinale a alternativa correta:
   a. Os itens I, III e V são verdadeiros.
   b. Os itens II e III são falsos.
   c. Os itens I, II e III são verdadeiros.
   d. Todos os itens são verdadeiros.
   e. Todos os itens são falsos.

4. Os relatórios da Unesco para educação (Faure e Delors) trazem um dos pilares que está presente nos dois relatórios que é:
   a. aprender a aprender.
   b. aprender a ser.
   c. aprender a conhecer.
   d. aprender a conviver.
   e. aprender a fazer.

5. Pensamento complexo, segundo nossas conclusões, traz as ideias de:
   a. diferenças, contradições e complementaridades.
   b. sujeição, castigo, unicidade e caráter.
   c. solução, interpretação, códigos e irracionalidades.
   d. honestidade, informação e pessimismo.
   e. conjunturas, políticas, governos e previsões.

(4)

Interdisciplinaridade
e gestão escolar

Maria Maira Picawy

Quando nos colocamos diante desse desafio que envolve as fundamentações sobre interdisciplinaridade e gestão escolar, entendemos um estudo, exposto neste texto, que transpassa cinco ideias ou dimensões que caminham em uma tessitura bastante interfortalecida, ou seja, há uma interconexão equilibradora e favorecedora entre esses pontos que encaminharemos. Iniciaremos pela proposição de uma escola reflexiva como modo de trazer a realidade social para dentro do ambiente escolar, refletindo sobre ela e buscando processos que possam harmonizá-la aos componentes curriculares. Nosso segundo ponto refere-se à própria vivência interdisciplinar como apoio e também como fonte para a superação de dificuldades e para a convivência com a totalidade de conhecimentos exigidos a cada um de nós, só ou em conjunto. Nosso terceiro argumento vem da questão curricular, que integra o todo e traduz toda a realidade de pressupostos e ações pedagógicas da escola. O quarto elemento, e para o qual servem as nossas reflexões neste quarto capítulo, são as competências que se integram como práticas exigidas nas Diretrizes Curriculares Nacionais (DCN) para a educação básica e também para a educação superior, por meio de pareceres e resoluções específicas, instituindo os perfis orientadores a cada uma das formações escolares, básicas e superiores. Fechando o círculo, trazemos alguns tópicos que temos como imprescindíveis à gestão escolar, sendo esta a quinta dimensão abordada neste capítulo.

Nossa experiência em gestão de instituições de ensino não nos permite desenvolver temas senão da forma interdisciplinar, de modo que dê conta de três elementos importantes: a) do tecido de que se constitui a realidade a que se dispõe, b) da tessitura da natureza humana ao entendimento necessário à construção do conhecimento e c) da forma tecida, que deve orientar aquele que pretende ser ou estar ensinante no momento, ou seja, orientar o docente, o professor, aquele cujos objetivos o orientarão ao ensino e à aprendizagem imbricados no compromisso público com a responsabilidade social (Picawy, 2007). Feita essa colocação imprescindível, sob nossa ótica, passamos aos pontos a que nos comprometemos.

(4.1)
Uma escola reflexiva

Uma escola reflexiva – ambiente educador, emancipador e construtor de cidadanias – tem suas bases num processo de formação de professores de licenciatura, promovendo, incentivando e problematizando. São paradigmas emergentes que estão às nossas portas a exigir novas formas de pensar, viver, de trazer contribuições às soluções que são cada vez mais contingencializadas nos seus mínimos detalhes, além de rápidas, fortes, de manifestações emergenciais e culturais. Ser uma ESCOLA REFLEXIVA significa ter uma participação crítica *da* e *na* comunidade escolar; significa uma "nova racionalidade" (Alarcão, 2001), ter presentes os elementos constitutivos da realidade imediata, futura e distante; dar-se conta de pressupostos nas ações visíveis e nas subjetividades; perceber e conviver com questões significativas múltiplas e multiculturais, organizando sempre ações afirmativas, responsáveis e de inclusão; favorecer e oportunizar as vivências de discussão e autonomia, dedicando-se à convivência interpares, às transversalidades éticas e estéticas; romper padrões e estruturas mecanizadas, solitárias, insensíveis, descaracterizadas, inertes e burocratizadas (Alarcão, 2001).

Uma "nova racionalidade" nos coloca em alerta proativo, nos instiga com diálogos entre sucessos e fracassos, entre neuroses e saúdes, entre amargos e doces, rupturas que nos acalantam a alma, cercando e fortalecendo o sentimento de humanidade.

Alarcão (2001, p. 20-25) nos aponta alguns elementos importantes nessa vivência cotidiana por uma nova escola e por sua nova racionalidade. Vejamos alguns pontos que selecionamos da sua obra:

- a centralidade das pessoas na escola e o poder da palavra de sujeitos partícipes, que expressam seus pensamentos e sentimentos;
- liderança, racionalidade dialógica e pensamento sistêmico – a liderança, a comunicação, o diálogo interativo, a equipe, a interatividade, a valorização das potencialidades individuais e de grupo, a coesão, a compatibilização de ideais;
- a escola e seu projeto educativo e pedagógico – a construção coletiva, a visão, a missão, os objetivos, as expectativas, as dimensões referenciais, os princípios educativos, a contextualização e a globalização;
- a escola entre o local e o universal – sentimento de pertencer, como ser humano ou ser institucional, a uma cultura local que também é mundial, universal; o cultivo da cultura e o pertencimento ao mundo, dar-se conta da presença de todos os seres do universo e suas peculiaridades;
- educação *para* o e *no* exercício da cidadania – a compreensão e o exercício da liberdade e da responsabilidade, o respeito pela diversidade, a inclusão, o desenvolvimento e a sustentabilidade humana; o social, o ambiental, a cultura e as multiculturalidades;
- articulação político-administrativo-curricular-pedagógica – fatores intervenientes situacionais e ambientais como agentes congregadores, articuladores e favorecedores da cultura escolar; a construção da personalidade escolar;
- o protagonismo do professor e o desenvolvimento da profissionalidade docente – autonomia e autoridade

diante dos desafios sociais, políticos, administrativos e pedagógicos, por meio da participação consciente e interlocutora tanto de pessoas quanto dos processos;
- desenvolvimento profissional na ação refletida – a dimensão da racionalidade crítica aparece como fonte de diálogo pelo questionamento da lógica existente e pela orientação de processos reflexivos e problematizadores em todo o ambiente educativo;
- da escola em desenvolvimento e em aprendizagem à epistemologia da vida escolar – a vida na escola é percebida como fruto de interação e construção coletiva; assume um conhecimento advindo do cotidiano escolar e suas interações e, com base neste, elabora sua base de sustentação e garantia da personalidade institucional;
- desenvolvimento ecológico de uma escola em aprendizagem – o ambiente da escola em interação ambiental ampla e também proximal, trazendo a interatividade como veículo em busca de soluções proativas e compartilhadas (Alarcão, 2001, p. 20-25).

As inter-relações absolutamente dinâmicas dos elementos trazidos por Alarcão (2001, p. 20-25) nos ajudam a perceber o quanto é necessária uma abordagem interdisciplinar em uma gestão escolar. Suas constituições e suas caracterizações dizem respeito a toda a vida escolar, a todas as ações que estão situadas na comunidade escolar. Há uma integralidade nas ligações e nas religações temáticas que somente são contempladas por meio de posturas, ações e referenciais que dinamizem a complexidade que representam.

(4.2)

Interdisciplinaridade

Vamos partir da valorização de uma ciência que comporta um componente curricular – uma disciplina – que é fruto de "um determinado devir histórico" (Santomé, 1998, p. 59). Segundo o autor espanhol Santomé (1998, p. 55):

> *Uma disciplina é uma maneira de organizar e delimitar um território de trabalho, de concentrar a pesquisa e as experiências dentro de um determinado ângulo de visão. Daí que cada disciplina nos oferece uma imagem particular da realidade, isto é, daquela parte que entra no ângulo de seu objetivo.*

Esse mesmo autor, ao trabalhar o tema GLOBALIZAÇÃO, o une à interdisciplinaridade, trazendo ainda a expressão *currículo integrado* como seu complemento. Sua análise contempla variáveis que promovem a interdisciplinaridade, quais sejam: espaciais, temporais, econômicas, demográficas, demandas sociais, epistemológicas, necessidade de prestígio, desenvolvimento da ciência, além da disputa e rivalidade entre disciplinas por um determinado âmbito ou objeto de trabalho. Essas variáveis determinam os agrupamentos ou reagrupamentos de disciplinas no sentido de atender a determinadas situações, pois fazer ou não agrupamentos, interações e junções está na dependência de um projeto pedagógico que traz dimensões e concepções que buscam a construção e a apropriação do conhecimento, de modo crítico e reflexivo, determinando a autonomia de vida dos indivíduos da comunidade escolar.

Os pressupostos da interdisciplinaridade devem ser planejados e estudados no coletivo docente para que todos possam agir com coerência e harmonia nas rotinas escolares. Viver processos interdisciplinares exige comportamentos de flexibilidade, confiança, paciência, sensibilidade, ações diversificadas, aceitação de desafios e de novos papéis e responsabilidades, intuição, percepção rápida e divergente, suporte ao desequilíbrio, humildade, vivências de discordâncias e de complexidades.

A interdisciplinaridade está presente neste texto para confirmar a sua condição insubstituível quando o assunto for GESTÃO ESCOLAR. Dessa forma, mediante a plena observância e muito estudo sobre interdisciplinaridade (interdisciplinas), podemos começar a pensar e a refletir sobre o processo gestor (escolar) que vai dar conta de todos os conhecimentos presentes na comunidade escolar, suas inter-relações e interações com as pessoas, que tem como "mote", justamente, a construção de conhecimento argumentativo sólido diante dos desafios contemporâneos, sob quaisquer condições.

Na obra organizada por Fazenda (2002), *Dicionário em construção: interdisciplinaridade*, com mais 49 autores, a interdisciplinaridade é trabalhada a partir de seis categorias: coerência, humildade, espera, respeito, desapego e olhar. Nessas categorias estão 56 subcategorias. No conjunto de mais de 30 anos de pesquisas sobre o tema, Fazenda (2002) nos apresenta as relações que se estabelecem nas interpretações das vidas das pessoas: amor, corporeidade, espera, afetividade e alfabetização. Não há mais dúvidas sobre as condições necessárias para que se possam empreender ações que visem: "Transformar interdisciplinaridade em vida, 'vida mais completa, mais justa, menos angustiada, em que o amor, o conhecimento e o humanismo se somem em vez de aniquilar, livres de obsessões, tanto emocionalistas, quanto racionalistas'" (Fazenda, 2002). Pode parecer utópico, mas, como Paulo Freire, citado por Fazenda (2002), afirma: "toda utopia tem seu valor, pois que representa uma dialética entre denúncia e anúncio, a denúncia da estrutura desumanizante, o anúncio da estrutura humanizante". Segundo Fazenda (2002, p. 39): "Interdisciplinares [...] interdisciplinados [...] interdisciplinando [...] temos um longo caminho pela frente [...] mas [...] o caminho se faz ao caminhar".

A partir dessas colocações, podemos reorganizar e sintetizar nossos apontamentos sobre gestão escolar numa perspectiva absolutamente necessária da vivência interdisciplinar em todos os processos cotidianos da vida escolar. Se tomarmos como ponto de partida as questões pedagógicas ou administrativas da escola, verificaremos suas necessárias inter-relações. Assim, não há como estabelecer quaisquer procedimentos sem que tenhamos presente a totalidade dos acontecimentos constantes no ambiente no qual nos encontramos, processo que envolve todas as pessoas. Desse norte, estabelecemos nossas decisões e configuramos nossas ações de solução de problemas. A interdisciplinaridade pressupõe justamente essas intersecções.

(4.3)
Dimensão curricular

Nosso pensamento agora, em continuidade, refere-se à vida escolar na sua totalidade de vivências: as que acontecem no interior dos muros da escola e aquelas que são trazidas por vozes, gestos, ações, linguagens de toda a comunidade escolar e que acontecem extramuros escolares. Uma matriz curricular diz respeito a um processo determinado pelo conjunto de concepções que a comunidade tem como seus valores e traz suas expectativas de vida, de saúde, de educação. Esse conjunto de concepções pode estar no projeto pedagógico escolar ou, mais verdadeiramente, no cotidiano da vida escolar. Uma matriz escolar traz implicações imprescindíveis quanto ao modo pedagógico como se desenvolvem os processos de ensinar e de aprender, além de trazer todos os aportes filosóficos, sociológicos, psicológicos, antropológicos e pedagógicos que determinaram as ações docentes e discentes com relação aos eixos basilares da educação: conhecimento, autonomia, solidariedade, desenvolvimento, avaliação, sustentabilidade, ética e humanização (Doll Júnior, 2002).

As Diretrizes Curriculares Nacionais (DCN), por meio de pareceres e resoluções dos seus conselhos nacionais e estaduais, têm trazido exigências de organização curricular para a educação básica e para a educação superior, objetivando contemplar os princípios da interdisciplinaridade, da autonomia cidadã, da condição ao livre-arbítrio, da diversidade, da inclusão, da responsabilidade social, das políticas sociais de ações afirmativas às diferenças multiculturais. Essas medidas levam ao território nacional a perspectiva expressiva de políticas educacionais de acesso à construção de grandes espaços de mobilização interdisciplinar, aos desafios do novo século, novas racionalidades para uma escola reflexiva pela gestão escolar comprometida com o social e com o coletivo.

No livro de Doll Junior (2002), encontramos a concepção de matriz curricular que atende a essa nova racionalidade, aquela que tem como seus componentes: a prática reflexiva, a auto-organização, a autoridade do tema e das pessoas significativamente situadas, o uso de metáforas e do modo narrativo, objetivos, planos, propósitos e avaliação.

(4.4)
Competências: agir reflexivo

A gestão escolar traz para si e para o desenvolvimento consubstanciado da sua comunidade escolar o compromisso pedagógico e educador da vivência da interdisciplinaridade na sua dimensão curricular, articulando parâmetros para uma escola reflexiva. Na dinâmica dessa responsabilidade, estão ações que conectam processos que se complementam e que concretizam as concepções dos grupos de trabalho: as competências. Todas as atividades realizadas na comunidade escolar devem gerar ações mobilizadoras de construção de competências que podem, naturalmente, estar previstas nas mais variadas formas de planejamento, desde que impliquem a vivência da problematização, da pesquisa, da reflexão, do processo de tomada de decisão, da implementação e da avaliação de processos de regulação e final.

As competências estão estruturadas e constituídas pelo entendimento e pela compreensão no momento em que há a apropriação plena de todos os elementos que cercam determinado objetivo da construção do conhecimento. Aqui temos envolvidos processos bem dinâmicos de características específicas dos diferentes saberes que envolvem as convivências entre seres humanos e a natureza. As competências – ações legitimadas e de autoridade diante de circunstâncias – são definidas em contexto, são culturais, atendem às atualizações da sociedade, dizem respeito aos humanos, pois exigem razão, equilíbrio, sensatez, presteza, organização, mobilização de recursos diversos, transferência e operância de saberes multiplicados. Exigem ainda um conjunto de operações mentais: adaptação, diferenciação, integração, generalização, orquestração, combinação, contextualização, descontextualização, recontextualização e desreificação (Dolz; Ollagnier, 2004).

Quando Perrenoud (2000) fala sobre *competências* em sua obra *Dez novas competências para ensinar*, ele coloca no currículo escolar as oportunidades para a construção de competências por meio de atividades práticas: grupos, oficinas, pesquisas, fóruns, laboratórios, viagens, jornais, seminários, gincanas, feiras, visitas, teatros, danças, artes, espetáculos, simulações. Todas essas ações envolvem muitos e diversificados saberes; assim, competências envolvem saberes interdisciplinares em uma matriz curricular. Em seu texto, Perrenoud (2000) elenca como competências do saber fazer docente: organizar e dirigir situações de aprendizagem; administrar a progressão de aprendizagens; conceber e fazer evoluir os dispositivos de diferenciação; envolver os alunos em suas aprendizagens e em seu trabalho; trabalhar em equipe/coletivamente de modo convicto; participar da administração da instituição; informar e envolver a comunidade; utilizar tecnologias; enfrentar os deveres e os dilemas éticos da profissão e administrar sua própria formação contínua.

(4.5)

Gestão escolar

O processo de gestão escolar deve partir de oportunidades de participação de todos os segmentos parceiros e competentes da comunidade escolar: alunos, pais, professores, colaboradores, especialistas de diferentes áreas, além da educacional, membros de empresas e demais instituições do entorno escolar. Deve ainda se organizar nas dimensões política, social, administrativa e pedagógica, bem como ensejar princípios e valores da participação: humanização, democracia, liberdade, inclusão social, união, respeito, verdade, cristandade e solidariedade.

Cabem à gestão escolar atribuições estratégicas, táticas e operacionais no desempenho das suas funções com relação às atividades de planejamento, organização, acompanhamento, confecção, liderança, tomada de decisões, administrativas, culturais, de avaliação e autoavaliação.

Quando colocamos lado a lado a interdisciplinaridade e a gestão escolar, queremos atribuir uma explicável interdependência entre as competências e os saberes dos dois processos, trazendo suas grandes dimensões que circulam em muitas responsabilidades: a essência da gestão está na significatividade das ações (competências pela interdisciplinaridade) que sua comunidade desenvolve com grau elevado de comprometimento social e de relevância cultural para os seus integrantes e, também, no entendimento do processo que está sendo gerido com a participação de todos e que promove para cada pessoa, levando em conta suas subjetividades. Então, é a consciência da importância da participação individual respeitada (primeiro ponto) e considerada na decisão processual e final que leva os ideais de todos (segundo ponto). Desse modo, temos uma gestão que avança sobre o simples ato de administrar, trazendo parâmetros de sustentabilidade educacional.

Nosso texto reitera a importância que se atribui à gestão escolar.

Cabe destacar que os sistemas de ensino, como um todo e os estabelecimentos de ensino, como unidades sociais, são organismos vivos e dinâmicos, e como tal devem ser entendidos.

Ao serem vistos como organizações vivas, caracterizadas por uma rede de relações entre todos os elementos que nelas interferem, direta ou indiretamente, a sua direção demanda um novo enfoque de organização. (Luck, 2006, p. 38)

Ao organizarmos a tessitura deste texto, que se inicia nas dimensões de uma escola reflexiva, com base em uma nova racionalidade, inauguramos uma trajetória adjetivada pela ruptura de paradigmas lineares e tradicionais, apresentando uma eleição da complexidade como exercício de interpretação das realidades. Nesse *continuum*, costuramos adesivamente as concepções interdisciplinares que só têm garantias de existência em uma matriz curricular crítica, que também agregue as relações interativas, metacomunicativas e contextualizadas das competências e de inúmeros saberes, todos vivenciados por uma equipe de gestão escolar que se articule nos valores da educação.

A gestão escolar qualifica-se no exercício interdisciplinar em todas as suas ações, desde o menor ato de organização ou comunicação até a mais abrangente decisão, e nessas trajetórias estão, no ambiente educativo escolar, todos os estudos e as pesquisas que possam apoiar e dar efetividade e relevância ao processo.

Indicação cultural

FAZENDA, Ivani (Org.). *Dicionário em construção:* interdisciplinaridade. 2. ed. São Paulo: Cortez, 2002.

Esse texto traz uma importante contribuição ao exercício da ruptura de paradigmas engessados e metricamente organizados, impondo uma visão ampla, dinâmica e flexível. Recomendamos sua leitura e, se possível, uma dramatização teatralizada.

Atividades

1. Este capítulo pressupõe a presença de cinco elementos importantes, que são:
   a. gestão escolar, didática, metodologia, aluno e professor.
   b. interdisciplinaridade, avaliação, currículo, gestão escolar e aprendizagem.
   c. interdisciplinaridade, matriz curricular, competências, gestão escolar e escola reflexiva.
   d. escola reflexiva, interdisciplinaridade, metodologia de ensino, professor e gestor escolar.
   e. comunidade escolar, serviços especializados, gestão escolar, interdisciplinaridade e ensino.

2. No texto deste capítulo, relacionamos algumas contribuições da autora Isabel Alarcão, da Universidade de Aveiro, em Portugal. Ela fala em liderança e pensamento sistêmico. São características desses pontos encontradas neste texto:
   a. interatividade, coesão, diálogo e equipe.
   b. afeto, leituras, coragem e desequilíbrio.
   c. discussões, cobranças, ousadia e personalidade.
   d. argumentação, relacionamentos, amizade e carinho.
   e. valores, ética, respeito e socialização.

3. Santomé (1998) nos orienta em nossos estudos apontando variáveis à interdisciplinaridade. São três delas:
   a. a cognitiva, a afetiva e a psicomotora.
   b. a de ensino, a de aprendizagem e a de avaliação.
   c. a disciplinar, a multidisciplinar e a pluridisciplinar.
   d. a de tempo, a de cronologia e a de globalização.
   e. a espacial, a temporal e a epistemológica.

4. As competências exigem um conjunto de operações mentais bastante importantes. Dentre as citadas no nosso estudo estão:
   a. comparação, análise e motivação.
   b. contextualização, integração e generalização.
   c. exploração, pesquisa e síntese.
   d. informatização, ambientação e filtragem.
   e. comunicação, avaliação e identificação.

5. A gestão escolar reúne inúmeras responsabilidades que se referem a um só tempo a várias atividades. Das citadas no texto, podemos destacar as:
   a. de planejamento, de ensino e de aprendizagem.
   b. de docência, de comunicação e de interpretação.
   c. administrativas, culturais e de liderança.
   d. econômicas, jurídicas e de preservação.
   e. filantrópicas, de publicidade e de contabilidade.

(**5**)

O professor e a
interdisciplinaridade:
rupturas e possibilidades

Ana Jamila Acosta é doutora em Educação (2004) pela Universidade de Santiago de Compostela – Espanha. Tem experiência na área da educação, com ênfase em pedagogia empresarial, didática e docência, atuando principalmente nos seguintes temas: educação de jovens e adultos trabalhadores, crianças e adolescentes, educação do trabalhador, propostas pedagógicas e educação corporativa

Ana Jamila Acosta

Este capítulo aborda temáticas que engendram as rupturas e as possibilidades que os professores têm ao caminhar em busca da superação do isolamento, abrindo--se a outras possibilidades, numa perspectiva coletiva, dando maior significado ao seu fazer docente.

No decorrer do capítulo, sugerimos uma reflexão sobre a abordagem em desenvolvimento. No final, apresentamos sugestões de atividades para autoavaliação da aprendizagem, bem como referenciamos obras para aprofundamento dos estudos.

Uma educação mais humana, mais harmoniosa com o meio ambiente, solidária, compreensiva da diferença que há entre os seres que habitam o planeta, com valores guiados pela paz, pela liberdade e pela justiça social é aspirada por todos nós, diante dos desafios que a humanidade enfrenta nos primórdios deste milênio.

A capacidade de enfrentar realidades complexas e incertas que formam a sociedade atual demanda aos educadores uma nova forma de pensar a educação, uma nova narrativa em educação, que dê respostas a esse novo mundo ordenado pela globalização, pelas novas tecnologias de informação e comunicação e pelos avanços da ciência e da tecnologia.

(5.1)
A ação docente numa perspectiva compartilhada

A escola, no decorrer da história, vem se ancorando em paradigmas educacionais fundamentados numa visão curricular simples, reducionista e limitada da formação humana em detrimento de uma perspectiva mais ampla da educação. Desse contexto, resultam os seguintes aspectos: a mera realização de provas em vez de uma avaliação abrangente; os livros-texto substituem a experiência de vida; a aprendizagem é limitada ao alcance de objetivos; a globalidade do mundo é simplificada em disciplinas isoladas; a imobilização das cadeiras é defendida; a criação é marcada pela repetição e pela memorização (Cerveró, 2006).

A complexidade, as incertezas, as contradições, a tensão entre a fragmentação dos saberes e a multidimensionalidade da vida real adentram na escola apesar desse processo de antecipação, controle e domínio dos sujeitos e dos processos da educação, exercidos, por ela, no decorrer da história (Alarcão, 2000).

> Reflita sobre suas vivências escolares. Relembre suas aulas na escola. Você tem alguma lembrança de uma aula compartilhada por dois ou mais professores?

À frente do inevitável enfrentamento dessa realidade, os professores veem-se impelidos a pensar e criar novas possibilidades na vida das aulas e na vida escolar. Os métodos globalizados configuram uma dessas possibilidades que dão respostas à necessidade de que as aprendizagens sejam o mais significativas possível e, ao mesmo tempo, coerentes com finalidades que pretendem: a formação pela paz, pela liberdade e pela justiça social.

A nossa experiência escolar e profissional vem apontando que cada professor pensa e organiza sua disciplina isolada e individualmente. Então nos perguntamos: como o professor pode fazer a passagem do isolamento para o coletivo docente? Essa questão é abordada por Sá-Chaves e Amaral (2000), as quais definem O EU SOLITÁRIO e O EU SOLIDÁRIO.

O eu solitário corresponde ao professor que segue, rigorosamente, orientações pedagógicas (planos, projetos, currículos) prescritas durante sua formação docente, pelas instituições educativas onde atua ou por instâncias educacionais superiores. Configura-se, assim, a racionalidade técnica, isto é, o professor executa propostas que não foram geradas por ele, nem analisadas, nem discutidas, nem refletidas. Quando o professor não aceita essas receitas, conforme essas autoras, fecha-se nessa solidão, como uma atitude defensiva ocasionada por uma certa insegurança.

Este profissional poderá sentir-se isolado, apesar de rodeado de outros seres com quem aparentemente partilha uma profissão, quando se sente incapaz ou receia dar voz às opiniões e sugestões que poderiam ajudar a alterar aquele mundo cheio de seres solitários, com medo de passar a ser OSTRACIZADO, *porque suas ideias tornam a reunião longa demais ou abalaram os valores educativos reinantes, mais cômodos, porque não implicam mudanças.* (Sá-Chaves; Amaral, 2000)

Pensar a disciplina coletivamente gera um novo processo na escola: o professor disponibiliza-se a ouvir o outro, a compartilhar saberes e práticas, a considerar que a disciplina na qual atua faz parte de uma sequência contínua de um currículo que demanda unidade em relação à aprendizagem do aluno.

Esse novo processo ancora-se no entendimento de que cada professor precisa ser aceito em suas singularidades, suas crenças e seus saberes, o que requer respeito e solidariedade por parte de seus pares. O pensar coletivo dos professores favorece a superação da rigidez dos programas, a seriação dos conteúdos e a fragmentação dos saberes.

No entanto, a liderança e as concepções dos gestores da escola podem favorecer ou não essa transformação. Arroyo (2000) propõe a criação de uma nova cultura da gestão escolar: superar uma visão controladora e confiar na qualidade dos professores que atuam na educação básica, na sua capacidade de inovar, criar e agir coletivamente, configurando, assim, uma gestão democrática.

Identificam-se, então, dois desafios aos professores: "reinventar a escola enquanto local de trabalho e reinventar a si próprios enquanto pessoas e membros de uma profissão" (Thurler, 2002). Esses desafios só serão vencidos se os professores redimensionarem suas práticas pedagógicas e estabelecerem novas relações profissionais com os colegas, superando o isolamento para o empenho coletivo na definição de novos rumos à prática docente, ou seja, configurando a travessia do EU SOLITÁRIO para o EU SOLIDÁRIO.

O espaço em que a prática pedagógica acontece é a escola e, por consequência, é o *locus*[a] onde o novo e o velho se confrontam: o que deve ser preservado e o que deve ser mudado.

No entanto, os professores ficam na encruzilhada: ou seguem velhos caminhos, ou abrem caminhos novos. Ainda pensamos de "forma linear e sequencial, nos comportamos como se estivéssemos olhando o futuro pelo espelho retrovisor, nos negamos a olhá-lo de frente e resistimos, por inércia ou rigidez, a assumir o novo cenário" (Pérez, 2006, p. 210).

Os velhos caminhos mantêm os professores em seu isolamento, no desenvolvimento de processos educativos lineares, estáveis e previsíveis que, no entanto, não contribuem para enfrentar as realidades complexas e imprevisíveis do mundo atual que chegam à escola e, por conseguinte, à sala de aula. Os caminhos novos criam espaços que permitem ao coletivo dos professores refletir sobre as problemáticas educacionais que perpassam a escola, entre as quais, segundo o pensamento de Martínez (2006), destacam-se:

- a existência de processos educativos que geram conhecimentos fragmentados, desvinculados das realidades social, cultural, econômica e política, dificultando que os alunos façam as associações entre os diferentes conhecimentos para que possam dar sentido às aprendizagens;
- predomínio de sistemas de ensino fundamentados numa tendência pedagógica tradicional, que ensinam

---

a. *Locus* significa "lugar, posição, posto".

a isolar os objetos de estudo de seu entorno, separando-os em disciplinas isoladas e, em consequência, dificultando a visualização dos fenômenos e dos problemas de forma integral e complexa;
- professores sem a visão da realidade como um todo, o que implica percepções unilaterais, parciais e fragmentadas dos problemas e dos fenômenos que são objeto de estudo;
- estrutura rígida e inadequada de organizações educativas que não favorece a realização de espaços de reflexão e de ação pedagógica coletiva dos professores, inviabilizando esse novo caminho;
- existência de professores que realizam seu trabalho docente isoladamente, sem nenhuma participação ou colaboração com os demais docentes, que ministram a mesma disciplina ou disciplinas afins, sem participar de nenhum projeto interdisciplinar, mesmo que previsto no projeto político-pedagógico da escola;
- falta de formação e atualização pedagógica dos professores, que, por falta de reflexão, desenvolvem práticas educativas fundamentadas na educação bancária, conforme a denominou o educador Paulo Freire (1983, p. 66): "a educação se torna um ato de depositar, em que os educandos são os depositários e o educador o depositante". Essa educação caracteriza-se por desvincular os conteúdos da realidade global que os gera, tornando-os pedaços de saber da realidade.

Se essas problemáticas não forem refletidas e discutidas pelo coletivo dos professores e pelos gestores escolares em busca de soluções, "as mentes jovens perdem suas aptidões naturais para contextualizar os saberes e integrá-los em seus conjuntos" (Morin, 2001b, p. 15). Para esse autor, o conhecimento progride pela capacidade de contextualizar e englobar.

À luz do pensamento de Martínez (2006), os professores, numa perspectiva de construção coletiva, podem organizar-se em grupos de trabalho para:

1. a construção e a geração de conhecimentos interdisciplinares;
2. o desenvolvimento de um grau máximo de relações entre as disciplinas;
3. a elaboração conjunta de materiais utilizáveis de maneira interdisciplinar;
4. a criação de condições para o uso das novas tecnologias de informação e comunicação;
5. a elaboração e a socialização de pesquisas e artigos que integrem, conectem, relacionem e intercruzem conhecimentos;
6. a conexão em rede com outras organizações educativas em nível local, regional, nacional e internacional, possibilitando a promoção de intercâmbio de conhecimentos e experiências, como também a percepção integral da realidade global;
7. a promoção de processos educativos que conduzam a inovações metodológicas, vinculando os conteúdos à realidade global, desvelando suas relações, associações e contradições.

A intenção deste capítulo é gerar uma reflexão sobre a travessia dos professores, mediante um fazer pedagógico isolado, a uma construção coletiva de práticas contextualizadas e interdisciplinares. Essa travessia é impulsionada pelo desejo de mudança que se quer, passo a passo, e que está ao alcance de todos os professores, abrindo a escola para outras possibilidades, valorizando o "ir junto" em prol de outro sentido à educação.

O desencadeamento de processos de formação contínua dos professores possibilita à escola a organização do coletivo dos professores na busca da definição de novos rumos ao fazer docente.

Indicação cultural

MORIN, Edgar. *A cabeça benfeita*: repensar a reforma, reformar o pensamento. 10. ed. Rio de Janeiro: Bertrand Brasil, 2001.

O autor frânces Edgar Morin é sociólogo e um dos principais pensadores sobre complexidade. Nesta obra, ele propõe uma reforma do pensamento referente à aptidão das pessoas para organizar o pensamento, de forma contextualizada e multidimensional, de modo que possibilite ressurgir as grandes finalidades de ensino: promover uma cabeça benfeita em lugar de bem cheia; ensinar a condição humana, começar a viver; ensinar a enfrentar a incerteza, aprender a se tornar cidadão.

Atividades

1. Entreviste dois professores e levante as principais problemáticas que eles enfrentam na escola dos tempos atuais. Verifique as similaridades entre essas problemáticas e as apontadas neste capítulo.

2. Leia o texto que segue, que traz um pensamento de Morin (2001a).

   "O significado de 'uma cabeça bem cheia' é óbvio: é uma cabeça onde o saber é acumulado, empilhado, e não dispõe de um princípio de seleção e organização que lhe dê sentido. 'Uma cabeça benfeita' significa que, em vez de acumular o saber, é mais importante dispor ao mesmo tempo de:

   - uma aptidão geral para colocar e tratar os problemas;
   - princípios organizadores que permitam ligar os saberes e lhes dar sentido."

   Agora, em grupos, discutam sobre essa afirmação.

3. A capacidade de enfrentar realidades complexas e incertas que formam a sociedade atual demanda aos educadores:
   a. uma nova forma de pensar a educação.
   b. uma prática pedagógica isolada.
   c. organizar conteúdos fragmentados.
   d. basear sua prática na pedagogia tradicional.
   e. exigir dos alunos a memorização dos conteúdos.

4. Pensar a disciplina coletivamente gera um novo processo na escola, no qual o professor:
   a. isola-se na sala de aula.
   b. segue rigorosamente o manual da disciplina.

c. compartilha saberes e práticas docentes.
d. receia dar opiniões e sugestões.
e. considera-se um depositante de conhecimento.

5. Os professores, numa perspectiva de construção coletiva, podem organizar-se em grupos de trabalho para:
   a. discordar das propostas pedagógicas dos colegas.
   b. fragmentar saberes.
   c. pensar em sanções aos alunos.
   d. construir e gerar conhecimentos interdisciplinares.
   e. parcelar os conteúdos das disciplinas.

6. A educação bancária caracteriza-se por:
   a. possibilitar o trabalho coletivo dos professores.
   b. desvincular os conteúdos da realidade global que os gera, tornando-os pedaços de saber da realidade.
   c. desenvolver um grau máximo de relações entre as disciplinas.
   d. contextualizar saberes.
   e. integrar os saberes.

7. A travessia dos professores, de um fazer pedagógico isolado, a uma construção coletiva de práticas contextualizadas e interdisciplinares, é impulsionada:
   a. pelo desejo de mudanças.
   b. pelo retalhamento das disciplinas.
   c. pelo fechamento da escola para outras possibilidades.
   d. pela divisão do trabalho escolar.
   e. pela possibilidade de promoção funcional.

(**6**)

Formação contínua
de professores

Ana Jamila Acosta

Este capítulo tem o propósito de abordar a formação contínua de professores como um dos caminhos que possibilitem a implantação de mudanças na escola, que favoreçam a superação do paradigma que tem fragmentado o conhecimento em disciplinas isoladas e impossibilitado sua compreensão.

O capítulo compõe-se de dois âmbitos: no primeiro, abordamos os pressupostos teóricos que sustentam um processo de formação contínua dos professores. A seguir, apresentamos sugestão para a elaboração de projeto de formação contínua de professores na escola básica.

No decorrer do capítulo, sugerimos atividades que pretendem oportunizar reflexões sobre a abordagem em desenvolvimento. No final, destacamos sugestões, comentamos uma obra e propomos atividades para autoavaliação da aprendizagem.

(6.1)
Formação contínua dos professores: pressupostos teóricos

A afirmação de que a escola é uma organização de aprendizagem pode não surpreender, pois a escola é local de aprendizagem dos alunos. No entanto, se considerarmos a conceituação de escola reflexiva proposta por Alarcão (2000, p. 13) como "uma organização que continuamente se pensa a si própria, na sua missão social e na sua estrutura, e se confronta com o desenrolar da sua atividade num processo avaliativo e formativo", podemos considerar que a escola, com essas características, configura-se como uma organização de aprendizagem, num processo permanente de se repensar, se avaliar e promover mudanças. Essa escola qualifica o aluno e também todos os atores da comunidade escolar: pais, funcionários, professores e gestores.

A escola se concebe como uma organização de aprendizagem à luz do pensamento de Senge (1990) se:

- os atores que compõem a comunidade escolar alargarem continuamente as suas capacidades no sentido de obter os resultados desejados e propostos no projeto político-pedagógico;
- forem geradas novas formas de gestão do processo educativo;
- favorecer um ambiente propício a reflexões, compartilhamentos, aprendizagens em conjunto.

No universo dos atores que constituem a escola, a prioridade dos processos de aprendizagem organizacional deve estar voltada aos professores.

No seu ponto de vista, por que a aprendizagem organizacional nas escolas prioritariamente deve voltar-se à formação contínua dos professores?
Verifique com seus colegas os pontos comuns sobre essa temática.

Essa posição se justifica porque os professores são, inquestionavelmente, fundamentais no processo de mudança para uma sociedade mais justa e solidária. Estamos vivendo um tempo que muitos denominam como *sociedade do conhecimento*, porém, paradoxalmente, cresce o número de pessoas e grupos excluídos da educação. Predomina no presente o conhecimento voltado à produção e ao mercado, e os avanços científicos e tecnológicos não têm conseguido acabar com a fome, a pobreza e a exclusão (Pérez, 2006).

De acordo com o pensamento de Pimenta e Severino (2005), a democratização do ensino, no Brasil, passa pela formação, pela valorização e pelas condições de trabalho do professor, o que confirma a justificativa para a implantação de projetos de formação contínua dos professores, privilegiando a escola como o *locus* dessa formação.

Por que a escola deve ser pensada como o locus *da formação continuada de professores?*

Porque, se o processo se desenvolve na escola, possibilita espaços/tempo para o coletivo, para o diálogo, para a articulação entre teoria e prática, para os questionamentos, para a problematização da prática, para a percepção dos problemas comuns, para a reflexão sobre a prática docente, bem como para a discussão teórica que a sustenta e a valorização dessa prática.

A formação dos professores passa a gerir, assim, um movimento permanente de construção, desconstrução e reconstrução de conhecimentos, de ancoradouros teóricos, de novas práticas e, por conseguinte, de novos comportamentos ante o fazer pedagógico. Dessa forma, os professores se apropriam do seu processo de formação.

Essas práticas de formação continuada devem ter como polo de referência as escolas. São estas e os professores, de forma organizada, que podem decidir quais são os melhores meios, os melhores métodos e as formas de assegurar sua própria formação continuada (Nóvoa, 2008).

A construção de um projeto para formação continuada de professores demanda o desencadeamento de uma ação coletiva de gestores e professores, configurando um projeto interdisciplinar, para que se assegure o compromisso de todos na transformação e inovação da escola, como também a previsão de tempo/espaço e recursos para executá-lo, sustentado nos seguintes princípios, à luz do pensamento de Sánchez Núñez (2008):

- realismo – focalizar a realidade educativa da escola, detectando as necessidades de mudanças e contrapondo-se a qualquer desvinculação do projeto de formação

contínua da prática educativa desenvolvida na escola;
- coerência – propor estratégias adequadas aos objetivos propostos pelo projeto;
- flexibilidade – prever, diante de determinadas circunstâncias, a possibilidade de introduzir ações que sejam de interesse imediato dos professores e não previstas no projeto;
- viabilidade – adequar-se aos recursos e às possibilidades disponíveis na escola;
- processo de aprendizagem dinâmico – garantir a aprendizagem em serviço e a aplicação do aprendido na prática;
- articulação entre a teoria e a ação, de forma que a teoria sirva de referência à prática e vice-versa;
- autoavaliação como estratégia de melhoria da prática docente, promovendo o coletivo dos professores e o desenvolvimento cooperativo;
- consideração dos saberes e das experiências dos professores para que possam, depois de analisados e avaliados, desencadear o processo de melhora na prática docente;
- assessoramento e apoio individualizado aos professores com o objetivo de oportunizar as reflexões e a solução de problemas surgidos na prática docente;
- aprendizagem entre iguais, de forma que os professores possam compartilhar saberes e práticas e debater problemas comuns;
- apoio institucional, de modo que o projeto de formação docente componha o plano global da escola;
- diversidade dos agentes no desenvolvimento do programa, possibilitando a participação de outros profissionais: gestores, especialistas, professores convidados e outros.

O projeto fundamenta, organiza, sistematiza e direciona a proposta de formação contínua de professores e considera todas as possibilidades formais e informais na sua execução.

Numa investigação envolvendo dois professores, construa um texto com as narrativas deles sobre o que é formação para o magistério e como foi a formação deles.

O processo de elaboração envolve a maturação de ideias, sendo caracterizado por observações, análises, comparações, indagações, reflexões e sistematizações. Assim, consiste num processo gradual que requer reflexão, contínuas retomadas, compreensão das problemáticas que envolvem o processo de ensino-aprendizagem e dos múltiplos aspectos que constituem as problemáticas detectadas na escola. A participação do coletivo dos professores na sua elaboração se configura como condição fundamental para vencer as resistências e as tensões que possam emergir, além de promover o envolvimento e a sinergia fundamental para a eficaz implementação do projeto (Lück, 2003).

Segundo Pimenta e Severino (2005, p. 13), "o processo de valorização profissional envolve formação inicial e continuada, articulada, identitária e profissional. Essa formação identitária é epistemológica, ou seja, reconhece a docência como um campo de conhecimentos específicos configurados em quatro grandes conjuntos".

Esses quatro conjuntos são constituídos de conteúdos das ciências humanas e naturais, da cultura e das artes; de conteúdos didático-pedagógicos vinculados à prática docente; de saberes pedagógicos mais abrangentes vinculados ao esclarecimento do sentido da existência humana individual, com sensibilidade pessoal e social.

(6.2)
Sugestão de elementos para um projeto de formação contínua de professores

Apresentamos a seguir uma sugestão de elementos para compor um projeto de formação contínua dos professores com base na nossa experiência nesse âmbito de atuação.

A IDENTIFICAÇÃO DO PROJETO tem a intenção de apresentar as informações básicas para a sua caracterização: título, escola, responsáveis pela execução, clientela, duração e outros.

Na JUSTIFICATIVA, descrevem-se, com clareza e objetividade, a situação-problema que deu origem ao projeto e as razões que validam sua implantação e implementação na escola à luz da análise de interpretação e da análise de dados.

A PROPOSIÇÃO DE OBJETIVOS determina os propósitos do trabalho e os resultados que se pretendem alcançar com a realização do projeto. Os objetivos podem ser gerais e específicos. Os objetivos gerais são definidos em relação à dimensão mais ampla do projeto, numa perspectiva do todo, e se configuram como a diretriz principal para a ação. Os específicos particularizam cada uma das etapas que norteiam os resultados desejados, em consonância com os objetivos gerais e com o problema diagnosticado.

A DEFINIÇÃO DE METAS consiste na especificação quantitativa dos objetivos específicos do projeto. As FONTES QUE SUBSIDIARAM A ELABORAÇÃO DO PROJETO identificam a procedência dele, destacando o plano global da escola, o projeto político-pedagógico, as demandas expressas pelos professores, pelos alunos, pela comunidade escolar em geral, por estudos teóricos e outros.

As REFERÊNCIAS TEÓRICAS QUE SUSTENTAM O PROJETO referem-se aos fundamentos teóricos que sustentam toda a execução do projeto. Os princípios que norteiam o projeto expressam seus fundamentos, tais como: realismo, coerência, flexibilidade, viabilidade, articulação, teoria e prática, entre outros.

As etapas descrevem os múltiplos aspectos de tempo/espaço que serão desenvolvidos para a elaboração, a execução e a avaliação do projeto, quais sejam:

1. levantamento das necessidades de formação contínua dos professores;
2. delineamento do projeto;
3. apresentação e discussão com os professores e demais gestores da escola;
4. efetivação de reformulações sugeridas;
5. implantação do projeto;
6. monitoramento e avaliação do projeto.

A concretização dessas etapas, no decorrer do processo de elaboração do projeto, configura um processo de construção coletiva, que considera a realidade da escola e mobiliza os participantes a decidir sobre o seu próprio processo de formação continuada.

Desenvolvimento do projeto

O desenvolvimento do projeto refere-se ao traçado dos múltiplos tempos e espaços que constituem a efetivação do projeto, considerando a disponibilidade de recursos na escola.
Exemplos:

- grupos de estudos para análise de um tema específico;
- grupos de estudos para análise do pensamento educativo de autor ou autores selecionados pelos professores;
- oficinas pedagógicas;
- minifóruns;
- orientações individuais;
- orientações ao desenvolvimento de carreira;
- plenárias pedagógicas.

A especificação do cronograma determina o tempo a ser disponibilizado ou necessário à execução do projeto. A identificação dos recursos refere-se à descrição dos recursos físicos, de equipamentos, materiais e financeiros necessários à efetivação do projeto. O monitoramento e a avaliação são concernentes ao conjunto de procedimentos de monitoramento da execução do projeto, da avaliação e dos resultados, para assegurar a sua efetivação no tempo previsto, com os recursos disponíveis e, acima de tudo, identificar a necessidade de medidas corretivas durante o processo, de modo que se assegure, no decorrer de toda a sua execução, o alcance dos objetivos e das metas previstas (Lück, 2003).

No decorrer do delineamento de cada etapa do processo de elaboração do projeto, deve-se gerar um ambiente propício ao desencadeamento da mudança de paradigmas na escola. Assim, o próprio processo de elaboração do projeto já configura um tempo/espaço de compartilhamento e de formação para os professores, cujos resultados aparecem no decorrer do processo de ensino-aprendizagem das múltiplas disciplinas e atividades que compõem o currículo escolar.

Há diferentes posições em relação à concepção e aos objetivos de um projeto de formação contínua. Compartilhamos o pensamento de Perrenoud et al. (2002), quando estes afirmam que a concepção da escola e do papel dos professores não é unânime. Um projeto de formação contínua, para caminhar numa perspectiva de construção e geração de conhecimentos interdisciplinares, encontra campo fértil numa escola que desenvolva a autonomia, a abertura ao mundo, a tolerância por outras culturas, o gosto pelo risco intelectual, o espírito de pesquisa, o senso de cooperação e a solidariedade.

Indicação cultural

PERRENOUD, Philippe et al. *As competências para ensinar no século XXI*: a formação dos professores e o desafio da avaliação. Porto Alegre: Artmed, 2002.

Nessa obra, apresentam-se a temática da formação dos professores e a avaliação escolar analisadas sob ângulos diferentes, ainda que complementares.

Atividades

1. Analise o depoimento de Nóvoa (2008) e convide dois colegas para uma reflexão conjunta:

   É difícil dizer se ser professor, na atualidade, é mais complexo do que foi no passado, porque a profissão docente sempre foi de grande complexidade. Hoje, os professores têm que lidar não só com alguns saberes, como era no passado, mas também com a tecnologia e com a complexidade social, o que não existia no passado. Isto é, quando todos os alunos vão para a escola, de todos os grupos sociais, dos mais pobres aos mais ricos, de todas as raças e todas as etnias, quando toda essa gente está dentro da escola e quando se consegue cumprir, de algum modo, esse desígnio histórico da escola para todos, ao mesmo tempo, também, a escola atinge uma enorme complexidade que não existia no passado. Hoje em dia é, certamente, mais complexo e mais difícil ser professor do que era há 50 anos, do que era há 60 anos ou há 70 anos. Esta complexidade acentua-se, ainda, pelo fato de a própria sociedade ter, por vezes, dificuldade em saber para que ela quer a escola. A escola foi um fator de produção de uma cidadania nacional, foi um fator de promoção social durante muito tempo e agora deixou de ser. E a própria sociedade tem, por vezes, dificuldade em ter uma clareza, uma coerência sobre quais devem ser os objetivos da escola. E essa incerteza, muitas vezes, transforma o professor num profissional que vive numa situação amargurada, que vive numa situação difícil e complicada pela complexidade do seu trabalho, que é maior do que no passado. Mas isso acontece, também, por essa incerteza de fins e de objetivos que existe hoje em dia na sociedade.

Para as questões a seguir, marque a alternativa correta.

2. A escola se concebe como uma organização de aprendizagem se:
   a. favorecer um ambiente propício a reflexões, compartilhamentos, aprendizagens em conjunto.
   b. organizar o ensino em torno de uma sucessão rígida de lições.
   c. tiver um ambiente que favoreça o senso de individualismo.
   d. desenvolver conteúdos fragmentados.
   e. não favorecer a construção de novos saberes.

3. No universo dos atores que constituem a escola, a prioridade dos processos de aprendizagem organizacional deve estar voltada:
   a. aos pais dos alunos.
   b. aos alunos.
   c. à comunidade (entorno) da escola.
   d. ao supervisor escolar.
   e. aos professores.

4. A escola se configura como lugar privilegiado para a execução de projetos de formação contínua de professores porque:
   a. possibilita o controle dos professores.
   b. favorece o diálogo e a articulação entre teoria e prática.
   c. desvaloriza as experiências pedagógicas dos professores.
   d. não favorece o diálogo com professores de outras escolas.
   e. favorece o individualismo.

5. Um dos princípios que sustentam a elaboração de um projeto de formação contínua de docentes é:
   a. a fragmentação de saberes.
   b. a competência dos gestores.
   c. a coerência com os objetivos propostos.
   d. a desvinculação da teoria da prática.
   e. a resistência às mudanças.

6. O elemento do projeto de formação contínua de professores que descreve a situação-problema com clareza e objetividade consiste:
   a. na proposição dos objetivos.
   b. na definição de metas.
   c. nas fontes que subsidiaram a elaboração do projeto.
   d. na justificativa.
   e. nas referências teóricas que sustentam o projeto.

(7)

Construção de projetos
interdisciplinares de estudo:
da teoria à prática

Maria Fani Scheibel é mestre em Educação (1976) pela Universidade Federal do Rio Grande do Sul (UFRGS), doutora em Educação (1993) pela Universidade Pontifícia de Salamanca – Espanha, e pós--doutora em Educação (2007) pela Universidade Estadual de Campinas (Unicamp). Tem experiência na área de educação, com ênfase em política educacional, formação de professores e educação de jovens e adultos.

Neste capítulo serão destacados aspectos referentes ao significado e à importância de projetos interdisciplinares na prática pedagógica do professor como forma de agregar conhecimentos de diferentes áreas do conhecimento e de superação e adoção de novos paradigmas para a educação.

(7.1)
Projetos interdisciplinares: uma discussão inicial

A fragmentação do ensino é hoje superada pela ideia de interdisciplinaridade que, por sua vez, rompe com paradigmas ultrapassados. Hoje, o foco é o aluno, considerado como sujeito e signatário de sua aprendizagem. Pressupõe-se que essa maneira de entender o processo de ensinar e aprender encontre sincronia com as propostas que exigem uma visão maior, mais ampla, mais globalizada, uma vez que a sociedade atual se estrutura em redes interligadas, fazendo com que as escolas, seus gestores e toda a comunidade escolar absorvam essa ideia e se adaptem a essa nova maneira de ensinar e interagir com o meio. Não podemos mais trabalhar os conteúdos como se fossem peças interdependentes, em que predomina o modelo linear disciplinar usado para a organização do conteúdo. Nessa proposta, ainda usual em nossas escolas, as disciplinas são justapostas sem conexão entre si. A tendência atual, diferente daquela, sugere a sua visualização como uma rede de saberes que se entrelaçam a fim de estabelecer conexão entre as peças que a compõem. Assim procedendo, o professor possibilita ao aluno habilidades e competências, de forma que este tenha uma visão multifacetada do objeto de conhecimento em estudo. Temos que torná-lo apto a compreender, relacionar, estabelecer relações, aplicar, sintetizar e avaliar não somente os conteúdos de uma determinada disciplina, mas as disciplinas afins da área de conhecimento em questão.

As tentativas de tornar o ensino globalizado não são recentes, mas hoje são revisitadas por teorias inovadoras próprias do momento educacional e acompanhadas de diferentes interpretações de maior ou menor grau de complexidade.

Com referência às ideias trabalhadas, Salomé (2008), no fragmento *Súplica de uma criança aos seus professores*, dá um depoimento significativo, afirmando:

> *Ensinem-nos o entusiasmo, Ensinem-nos o espanto da descoberta, Não nos deem apenas as vossas respostas, Despertem as nossas perguntas, Sobretudo acolham as nossas interrogações, Convidem-nos a respeitar a vida. Ensinem-nos a mudar, a partilhar, a dialogar, [...], estarão as escolas aptas a atender os apelos ali feitos? E os professores estão teoricamente preparados para essa ruptura? Como fazer para estimular os alunos a prepararem-se para a mudança e capacitá-los para adquirir uma visão global de mundo e de tudo que os cerca?*

O pretendido na educação é tornar o aluno capaz de, em novas situações, saber realizar as conexões que se fizerem necessárias e que devem estar adequadas à situação apresentada. Para isso, o professor deve romper com paradigmas ultrapassados e deixar como vencido o uso exclusivo do quadro e do giz. Essa exigência é um imperativo advindo da globalização, que vem carregada da necessidade do uso e do manejo de novas tecnologias no trato com a educação.

O professor deve se adaptar a essa nova realidade sob pena de se tornar obsoleto em seu fazer pedagógico. Impõe-se com isso a construção de novas concepções referentes ao que seja ensino, prática pedagógica e aprendizagem, o que, aliás, deve ser impulsionado com estudo, por meio de atualização constante de seu fazer pedagógico, incluindo a análise crítica de suas práticas num movimento de ação-reflexão-ação, o que possibilitará um olhar crítico e avaliativo sobre o que faz o professor em seu cotidiano.

Com apoio em leituras, é percebido que, com a noção de globalização, aparecem outras, como a pluridisciplinaridade, ensino integrado e interdisciplinaridade, sendo esta última a que mais mereceu a atenção dos especialistas (Hernández; Ventura, 1998, p. 49).

Em decorrência, os paradigmas inovadores, aqueles que propiciam ao aluno, em diferentes situações de aprendizagem, a construção do conhecimento, devem ser assumidos pelo professor em seu cotidiano. Esse posicionamento é reafirmado por Behrens (2005, p. 54), quando este afirma que:

> *O ponto de encontro entre os autores que contribuem com seus estudos sobre paradigma inovador é a visão de totalidade e o desafio de buscar a superação da reprodução para a produção do conhecimento", sugerindo que o homem seja visualizado como um ser "indiviso", que haja o reconhecimento da unidualidade cérebro-espírito levando à reintegração sujeito-objeto.*

Assim, a autora defende que o educador deve desenvolver suas atividades por meio da abordagem progressista, adotando o ensino com pesquisa em sua tarefa de ensinar. Tanto o ensino com pesquisa como o ensino por projetos interdisciplinares exigem tempo, paciência e dedicação dos alunos e do professor, considerando que os resultados advindos são, via de regra, gratificantes, pois discutem, descobrem, pesquisam o que para eles tem significado.

A adoção de projetos interdisciplinares numa perspectiva filosófica inovadora exige ruptura com os modelos predefinidos, cristalizados, sob pena de caírem num modismo passageiro. Validando o exposto, Lück (1994, p. 32) traz a seguinte opinião: "torna-se necessário, sobretudo, superar a problemática clássica do ensino, qual seja a de caracterização das ideias em ação. Do contrário, vai-se criar apenas um novo modismo em educação".

"Modismos" já se fizeram presentes em muitas salas de aula na prática dos professores por conta da ausência teórica, o que impulsiona e implica a mudança de paradigmas, sob pena de ficarem esses professores no discurso e na verbalização somente. Vale lembrar que o caráter da interdisciplinaridade não é normativo, e sim explicativo e inspirador (Lück, 1994, p. 34).

O que se propõe é que o professor adote, em sua prática pedagógica, um trabalho que propicie a integração curricular numa perspectiva globalizadora, na qual entram os projetos interdisciplinares como alternativa. Vale lembrar que o aluno manifesta maior abertura e predisposição para aprender se o conteúdo vier impregnado de significância para ele.

Dentre os autores que defendem essa visão globalizante e interdisciplinar, citamos Santomé e Hernandez na Espanha, Jolibert na França, Délia Lerner e Ana Maria Kaufman na Argentina, Monique Deheinzelin e Miguel Arroyo, entre outros, aqui no Brasil. Esses teóricos vêm defendendo uma organização curricular dentro dessa perspectiva, visando transformar a escola de um "auditório" em "laboratório", desartificializando as atividades escolares, como afirmam Xavier e Dalla Zen (2000, p. 22).

Esses projetos devem se organizar com base em situações-problema, extraídas e identificadas com a realidade. Sua operacionalização encontra similaridade no ensino com pesquisa, tanto no momento inicial, como no processo de seu desenvolvimento. O seu ápice acontece com a proposição de uma proposta passível de intervenção na realidade – um projeto.

Continuando nessa linha de pensamento, Zabala (2002, p. 35-36) esclarece que, com o termo *enfoque globalizador*, que também podemos chamar de *perspectiva globalizadora* ou *visão globalizadora,* é definida "a maneira de organizar os conteúdos, a partir de uma concepção de ensino, na qual o objeto fundamental de estudo seja o conhecimento e a intervenção na realidade".

A definição sobre o sentido da globalização, em conformidade com Hernández e Ventura (1998, p. 47),

> *Estabelece-se como uma questão que vai além da escola, e que, possivelmente, na atualidade, motivada pelo desenvolvimento das ciências cognitivas, esteja recebendo novo sentido, centrando-se na forma de relacionar os diferentes saberes, em vez de preocupar-se em como levar adiante sua acumulação. Não obstante, o problema não parece ser de competências ou especificidade de saberes, e sim de como realizar a articulação da aprendizagem individual com os conteúdos das diferentes disciplinas.*

Hernández e Ventura (1998, p. 52-60) lançam o desafio de se indagar o vem a ser "globalização" na prática dos que ensinam e identificam pelo menos três sentidos diferentes: "a) somatório de matérias; b) globalização a partir da conjunção de diferentes disciplinas; c) a globalização como estrutura psicológica da aprendizagem". Veremos a seguir cada uma delas:

a. SOMATÓRIO DE MATÉRIAS: Para os autores, esse tipo de globalização responde basicamente ao aspecto somatório do conteúdo das disciplinas, quase sempre de responsabilidade do professor, por saber os enunciados e os sentidos que esses conteúdos das diferentes disciplinas podem assumir. A globalização, nesse caso, é mais evidente e perceptível e externamente ligada a uma circunstância de tempo;

- GLOBALIZAÇÃO A PARTIR DA CONJUNÇÃO DE DIFERENTES DISCIPLINAS: Esse é o tipo de integração que pode se produzir entre disciplinas próximas em seus métodos ou nos objetos que abordam, ou entre saberes distantes diante dos quais se faz necessária. Para os autores, nessa abordagem, a concepção de globalização relaciona-se à ideia de interdisciplinaridade e ao trabalho em grupo, o que a diferencia da abordagem de caráter apenas somatório das disciplinas. É indicada para as séries finais do ensino fundamental e médio, indo além do conteúdo específico e individual de cada disciplina, já que cabe aos professores definir uma temática a ser trabalhada conjuntamente com seus pares;
- A GLOBALIZAÇÃO COMO ESTRUTURA PSICOLÓGICA DA APRENDIZAGEM: Esse enfoque se fundamenta nas referências apresentadas pela proposta instrutivista da aprendizagem e no desenvolvimento de relações estruturais e críticas entre as fontes de informação que o estudante aporta e recebe. Os autores ainda afirmam que esse enfoque se apoia na premissa psicopedagógica de que, para se construir novas e significativas aprendizagens, o professor deve levar em conta o conhecimento prévio dos alunos e, a partir daí, estabelecer relações e levantar indicativos capazes de serem conectados ao tema ou ao problema em estudo. A preocupação recai na construção de conhecimentos que assim podem advir.

A efetivação dessa premissa significa entender que a função básica do ensino é a de desenvolver nos alunos capacidades para deixá-los aptos a responder às questões reais referentes aos aspectos pessoais, sociais, emocionais ou profissionais que, por seu grau de complexidade, não são fáceis, pois implicam conhecimentos cognitivos que possibilitem ao aluno lidar com a complexidade, o que será facilitado pelo desenvolvimento de ações que tomem o enfoque globalizador como ponto de partida.

Dentro da perspectiva histórica, os métodos globalizados nascem quando o aluno é considerado responsável e protagonista do ensino, o que ocorreu no início do século XX, época em que apareceram ensaios explicativos sobre os processos de aprendizagem. Segundo Zabala (2002, p. 197), dentro dos diferentes métodos que podem ser considerados globalizados aparecem: os centros de interesse de Decroly; o sistema de complexos da escola de trabalho soviética; os complexos interesses de Freinet; o sistema de projetos Kilpatrik, a investigação do meio do MCE (Movimento de Cooperazione Educativa da Itália), o currículo experimental de taba; o trabalho por tópicos; os projetos de trabalho e outros.

Com relação aos projetos interdisciplinares, Barbosa e Horn (2008, p. 29), no capítulo intitulado "Por que voltar a falar em projetos", opinam que, independentemente do nível de ensino, os projetos exigem adaptações e transformações, mesmo porque não há uma única forma de trabalhá-los. Eles sugerem a classificação que segue, entre outras existentes:

- projetos como sistema complexo: a abordagem de Reggio Emilia; a abordagem de Helm e Katz;
- o trabalho de projetos e vida cooperativa: a perspectiva de Célestin Freinet; a perspectiva de Josette Jolibert; a escola moderna portuguesa;
- projetos de trabalho: a perspectiva de High Scope; a perspectiva de Howard Gardner; a perspectiva de Fernando Hernández.

Várias razões devem ser levadas em conta a fim de entendermos de forma satisfatória algumas das características básicas dos projetos interdisciplinares. Para Silva, citada por Lüdke (2003, p. 68-73), os pontos a seguir, entre outros, devem ser considerados pelos professores como características básicas dos projetos.

Ruptura com o esquema tradicional de ensino por disciplina

Silva, citada por Lüdke (2003), pondera que toda a formação de alunos tem sido tradicionalmente centrada no ensino e na aprendizagem de domínios de conhecimentos consagrados, mediante esforço individual e coletivo de estudiosos que dedicaram sua inteligência e seu tempo à construção desses campos de saber.

Contudo, o trabalho com projetos básicos na educação procura romper com o modelo nas disciplinas, focalizando temas que ultrapassam suas fronteiras e demandam dos alunos um esforço de busca de diferentes campos e fontes de informação, em um modo de abordagem mais condizente com a natureza dos fenômenos estudados e com seu próprio desenvolvimento pessoal.

Possibilidade de reunir o que já foi aprendido pelo aluno e o que pode vir a sê-lo nos vários campos do conhecimento

Sugere a autora que se parta de conhecimento já construído pelos alunos, tendo em vista o melhor e mais rico aproveitamento destes. Ela continua dizendo que os projetos irradiam a influência da escola sobre a própria escola, numa simbiose vital para a vida escolar e o desenvolvimento dos alunos (Silva, citada por Lüdke, 2003).

Participação ativa e dinâmica dos alunos, desencadeando forças em geral deixadas passivas no modelo escolar tradicional

Silva, citada por Lüdke (2003), enfatiza que, com os projetos, pode-se combinar a indispensável transmissão do capital de conhecimentos acumulados com a necessária abertura aos novos continentes, de acordo com sua própria dinâmica e ainda com a vantagem de fazer ponte em direção à realidade que os cerca. Defende a ideia de uma conexão entre o já vivido e o porvir.

Construção de conhecimentos pela investigação própria dos alunos

A autora (Silva, citada por Lüdke, 2003) elucida a importância da investigação séria, metódica e acompanhada pelos professores, com o intuito de despertar a curiosidade e o gosto dos alunos pela investigação em elaborações adequadas ao nível de desenvolvimento deles.

Articulação entre trabalho individual e coletivo e valorização de atitudes e comportamentos sociais

Silva, citada por Lüdke (2003), destaca que o trabalho com projetos estimula tanto a iniciativa individual quanto a feita em conjunto pelos alunos. Desperta a autonomia, a defesa e aceitação de pontos de vista assumidas pelos colegas em grupo, supondo que o esforço coletivo envolva todos os participantes do grupo e seu sucesso se reflita em cada um deles. Valoriza a trajetória no alcance dos objetivos como procedimento para atingi-los.

Combinação entre trabalho escolar e o de várias outras instituições e agências

A escola, ao trabalhar com projetos, multiplica as fontes de informação e interação para os alunos, pois toda a comunidade escolar desempenha o papel de protagonista nessa ação. Os projetos, segundo a autora citada, servem de eixo para articular a contribuição das várias entidades envolvidas, cada uma voltada às possibilidades e ao interesse do projeto em andamento, de forma a propiciar a proximidade e o alcance que propõe o projeto pedagógico da escola.

Assim sendo, professor e alunos aprendem nessa trajetória, tendo, contudo, cada um deles, ações peculiares. Cabe ao docente subsidiar os alunos na escolha do tema norteador do projeto, elaborar cronograma em forma de planilha, envolver a todos, mediar seus avanços e recuos, oferecer e indicar fontes de consulta das mais variadas, auxiliar nas apresentações e estimular o acompanhamento. Também indica o crescimento dos alunos em seus desempenhos, suscita a autoavaliação, a produção do material pesquisado, elaborado e apresentado, incluindo igualmente o desempenho do professor que, com perspicácia, deverá suscitar caminhos para outros aprofundamentos decorrentes daqueles que estão buscando.

Indicação cultural

BARBOSA, Maria Carmen S.; HORN, Maria da Graça S. *Projetos pedagógicos na educação infantil*. Porto Alegre: Artmed, 2008.

Inicialmente, as autoras abordam o histórico do surgimento do trabalho por projetos. Explicam diferentes abordagens de como trabalhar projetos na educação infantil e apresentam alguns exemplos de projetos desenvolvidos com crianças de 0 a 5 anos. É uma obra que pode servir como referência para os professores terem conhecimento sobre o assunto e desenvolverem um trabalho com qualidade.

Atividades

1. O educador deve desenvolver suas atividades:
   a. por meio da abordagem progressista, adotando o ensino com pesquisa em sua tarefa de ensinar.
   b. por meio da abordagem progressista, usando quadro e giz.
   c. por meio da abordagem progressista, propondo somente atividades que exijam leitura e interpretação.
   d. por meio da abordagem progressista, separando teoria da prática.
   e. por meio da abordagem progressista, usando atividades e exercícios pré-programados.

2. A adoção de projetos interdisciplinares numa perspectiva filosófica inovadora exige:
   a. planejamento inflexível.
   b. ruptura com modelos predefinidos, cristalizados, sob pena de caírem num modismo passageiro.
   c. busca de atividades no livro-texto do professor.
   d. realização de exercícios pré-programados.
   e. separação dos alunos por níveis de aprendizagem.

3. O professor deve se adaptar à nova realidade, sob pena de se tornar obsoleto em seu fazer pedagógico, sendo para isso necessário:
   a. seguir o programa estabelecido pelos órgãos oficiais.
   b. construir novas concepções referentes ao que seja ensino, prática pedagógica e aprendizagem.
   c. usar o planejamento de anos anteriores.
   d. desvincular a teoria da prática.
   e. trabalhar somente com metodologias grupais.

4. Os projetos interdisciplinares surgem:
   a. com base em situações-problema, extraídos e identificados com a realidade.
   b. com base na opinião do professor.
   c. por sugestão do supervisor da escola.
   d. por meio de programas fixos oriundos de anos anteriores.
   e. da reunião de conselho de classe.

5. O trabalho com projetos estimula tanto a iniciativa individual quanto a feita em conjunto pelos alunos a fim de:
   a. despertar a autonomia, a defesa e a aceitação de pontos de vista assumidas pelos colegas em grupo.
   b. conferir autoridade ao professor.
   c. zelar pela ordem interna da sala de aula.
   d. estabelecer uniformidade na maneira de trabalhar com todos os alunos.
   e. estimular a competitividade entre grupos de trabalho em termos de obtenção de notas.

(8)

Elementos de um projeto
interdisciplinar

Este capítulo tem por objetivo enfocar questões específicas sobre os elementos constitutivos de um projeto interdisciplinar e as suas implicações no fazer pedagógico dos professores, com vistas a destacar a sua importância em sala de aula e, consequentemente, a qualificação do ensino. Aborda também questões metodológicas que permitem estabelecer a diferença entre centros de interesse e projeto de trabalho. São ainda sugeridas atividades de reflexão sobre o tema abordado. No final, há a indicação de uma obra acompanhada de comentário, além de propostas de atividades para autoavaliação da aprendizagem.

(8.1)
Projetos interdisciplinares: considerações preliminares

Os projetos de trabalho não estão condicionados a uma sequência de passos inflexíveis, a um esquema único predefinido que impeça seu potencial transgressor, que a ele se agrega. Segundo alguns pontos de vista, como os de Hernández (1998) e outros, projetos de trabalho também não se caracterizam como método, técnica, pedagogia ou fórmula.

Devem os projetos partir de temas que valorizem a função social, política, multicultural, que levem em conta a heterogeneidade que compõe a realidade circundada pela escola e pelos professores que lá atuam. É primordial considerar que projetos de trabalho são uma alternativa dentre outras maneiras de concretizar o currículo escolar, dependendo de uma concepção fragmentada ou integradora.

A visão distorcida dessa situação pode fazer com que projetos de trabalho se transformem em centros de interesse que ocorrem dentro de uma estrutura curricular verticalizada, uniforme, obrigatória e fragmentada.

Hernández (1998, p. 6), ao destacar que os projetos de trabalho não se limitam a uma questão de ensino e aprendizagem, afirma que "esses não podem se separar de um sistema social em processo de mudança".

Outro aspecto que tem causado discussão em professores é saber a duração desses projetos. Eles não possuem tempo determinado, dependem do foco, do objeto, do interesse e da condução das atividades inerentes a eles. Assim, podem se caracterizar como de curto, médio e longo prazos, o que pode incluir pausas no percurso, quando conveniente e necessário.

Os projetos de trabalho podem ser elaborados de variadas formas e um fator a ser destacado é que neles devem ser considerados os conteúdos de abordagem cognitiva, procedimental e avaliativa. Neles, os aportes devem se interligar e, ao final, abrir caminho para novas investigações. Esse é um dos pontos que os diferencia do trabalho com temas geradores, em que a escolha de um tema concorre para uma série de atividades sem uma estrutura que os ligue entre si e com os outros saberes.

Dentre as propostas apresentadas por diferentes autores para encaminhamento de projetos, são indispensáveis certos temas, tais como: definição da problemática, isto é, a explicitação do propósito norteador; a planificação desejada feita cooperativamente; a realização do planejado com a devida coleta de informações e respectivos registros; a socialização e o julgamento do trabalho realizado.

É interessante o quadro apresentado por Schmitt (2001, p. 30), quando este descreve a síntese de atuação do professor e do aluno, válida para os diferentes níveis de ensino.

Quadro 8.1 – *Síntese da atuação do professor e do aluno no projeto*

Professor	Alunos
Estabelece os objetivos educativos e de aprendizagem.	Discutem em grupo as possibilidades do tema.
Seleciona os conceitos e os procedimentos que prevê que podem ser tratados no projeto.	Participam do diagnóstico inicial: o que sabemos e o que queremos saber sobre o tema.
Contextualiza os possíveis conteúdos a serem trabalhados, em função da interpretação das respostas dos alunos.	Realizam propostas de sequência e ordenação de conteúdos.

(continua)

(Quadro 8.1 – conclusão)

Professor	Alunos
Busca fontes de informação para elaborar um índice.	Compartilham propostas e buscam um senso organizado.
Planeja atividades.	Planejam o trabalho individual ou em pequenos grupos na classe.
Apresenta as atividades.	Realizam o tratamento da informação a partir das atividades.
Facilita os meios: de reflexão, recursos, materiais de informação pontual. Papel mediador e facilitador.	Trabalho individual: ordenação e reflexão sobre a informação.
Favorece coleta e interpreta as contribuições dos alunos: avaliação.	Realizam a autoavaliação.
Compara a avaliação com a autoavaliação.	Tomam conhecimento do próprio processo de aprendizagem em relação ao grupo.
Analisa o processo individual de cada aluno: o que tem aprendido? Como tem trabalhado?	
Estabelece uma nova sequência de aprendizagens.	

Fonte: Schmitt, 2001, p. 31.

Como se constrói um projeto?

Um projeto deve ser construído levando-se em consideração aspectos que garantam, além da unidade dos objetivos e das ações de todos os envolvidos, a coesão e a ordenação dos resultados obtidos.

Embora cada projeto apresente particularidades e exija adaptações, as seguintes preocupações básicas devem ser consideradas na sua construção:

- identificação de um problema;
- levantamento de hipóteses e soluções;
- mapeamento do aporte científico necessário;
- seleção de parceiros;
- definição de um produto;
- documentação e registro;
- método de acompanhamento e avaliação;
- publicação e divulgação.

Na opinião de Hernández[a], os projetos de trabalho contribuem para uma ressignificação dos espaços de aprendizagem, de tal forma que eles se voltem para a formação de sujeitos ativos, reflexivos, atuantes e participativos.

A seguir, estão enunciados passos com base nesse autor:

- ESCOLHA DE UM TEMA: É o ponto de partida para a realização de um projeto. Pode pertencer ao currículo oficial, proceder de uma experiência comum dos alunos, originar-se de um fato da atualidade ou surgir de

---

a. Foi Fernando Hernández quem estudou e divulgou os projetos de trabalho. É doutor em Psicologia e professor titular do Departamento de Dibujo da Faculdade de Belas Artes da Universidade de Barcelona (Espanha), onde coordena o programa de doutorado "Artes Visuales y Educación: un enfoque construccionista", e também o curso de mestrado em "Estudios sobre la Cultura Visual". Realiza estudos sobre projetos de trabalho.

um problema proposto pela professora, o importante é que ele seja de interesse, necessidade e relevância de todos os que nele estão trabalhando, o que implica a possibilidade de haver vários temas de projetos dentro de um mesmo grupo.

- PLANEJAMENTO DO TRABALHO – etapas/objetivos/conteúdos: Após a escolha do tema, planeja-se o trabalho, definindo objetivos, conteúdos e etapas envolvidos em sua realização.
- PROBLEMATIZAÇÃO – levantamento de como estudar o tema escolhido: Quais as ideias, as dúvidas e os conhecimentos prévios que os alunos têm sobre o tema.
- EXECUÇÃO – busca de informação, pesquisa, sistematização e produção: Esse é o momento do grupo desenvolver as questões levantadas na fase de problematização. Nessa fase, é fundamental a atuação do educador no acompanhamento do desenvolvimento do trabalho. Suas intervenções devem levar os educandos a confrontar suas ideias, crenças e conhecimentos com as informações levantadas por meio das pesquisas realizadas, analisando-as e relacionando-as a novos elementos. A sistematização das informações auxilia educador e educando a responder às questões iniciais e às novas questões que surgirem no processo da pesquisa sobre o tema, contribuindo na sua produção.
- DIVULGAÇÃO: Viabilizar a divulgação dos resultados dos projetos de trabalho tem como objetivo socializar o conhecimento produzido pelo grupo. Pode ser feita através de dossiê e discussões. As pesquisas e os resultados obtidos não devem ser limitados ao espaço da instituição, já que a interação com a comunidade é importante, pois nela encontramos condições reais sobre as quais as discussões são realizadas. Além disso, através da divulgação

dos resultados, dá-se concretude e sentido às produções do grupo, elevando a autoestima dos alunos e atribuindo um significado maior às suas produções.

- AVALIAÇÃO: A avaliação consiste em constatar o envolvimento do aluno com o desenvolvimento do projeto e os conhecimentos adquiridos com a execução dele, em relação aos seus conhecimentos prévios e aos objetivos propostos.

Com o intuito de abrir espaços para discussões, estudos e debates, apresentaremos diversos quadros que elucidam aspectos até aqui abordados.

(8.2)
Centro de interesse

Os centros de interesse se constituem numa estratégia de trabalho que pode ser desenvolvida tendo em vista o caráter de versatilidade e possibilidade de adequação, sob todos os aspectos.

Observamos que algumas escolas trabalham com projetos que têm como base estudos diversos, outras estão "engatinhando" nesse estudo, e muitas outras ainda estão confusas em relação ao que é um projeto interdisciplinar ou centro de interesse.

No entanto, essas estratégias requerem do professor muito preparo e criatividade, mas, para que sua realização seja bem-sucedida, é necessário que conte com o apoio das famílias dos alunos e da comunidade.

Centro de interesse é uma proposta de trabalho metodológico que busca aprofundar informações e melhorar o conhecimento sobre um tema que seja interessante para os alunos, pois os conteúdos de aprendizagem são basicamente conceituais, ou seja, são "ideias-eixos ao redor das quais convergem as necessidades fisiológicas, psicológicas e sociais da criança" (Xavier; Dalla Zen, 2000, p. 57).

Para Decroly[b], *centros de interesse* são grupos de aprendizado organizados segundo faixas etárias dos estudantes. Eles também foram concebidos com base nas etapas da evolução neurológica infantil e na convicção de que as crianças entram nas escolas dotadas de condições biológicas suficientes para procurar e desenvolver os conhecimentos de seu interesse. "A criança tem espírito de observação; basta não matá-lo", escreveu Decroly (2008, p. 34).

Segundo esse autor, a necessidade gera o interesse e só este leva ao conhecimento. Ele atribuía às necessidades básicas a determinação da vida intelectual. Para ele, as quatro necessidades humanas principais são: comer, abrigar-se, defender-se e produzir.

---

b. O idealizador dos centros de interesse foi Ovide Decroly, que nasceu na Bélgica, em 1871. Formou-se em medicina e consagrou seus estudos voltados a crianças que necessitam de atenções educativas especiais, baseando-se na psicologia infantil e considerando a vida mental do indivíduo como unidade. Portanto, os temas ou conteúdos a serem estudados devem ser apresentados no seu todo e não separados em disciplinas ou áreas do conhecimento. Em 1901, fundou uma instituição de ensino voltada para o atendimento a crianças com retardo mental, propondo uma educação direcionada aos interesses dessas crianças, apta a satisfazer sua curiosidade natural, estimulando-as a pensar e colocando-as em contato com a realidade física e social. Mais tarde, Decroly convenceu-se de que esses princípios se adequavam a qualquer criança. A partir do momento que houve a união entre a "inteligência e a afetividade", a escola "École de L'ermitage", com o lema "Para vida mediante a vida", começou a lidar com os interesses dos alunos fazendo com que eles tivessem uma visão geral dos objetivos exercidos em cada trabalho de seus próprios interesses. Na obra de Decroly, fica clara a ideia de liberdade compreendida como iniciativa e responsabilidade pessoal e social. Decroly escreveu mais de 400 livros, mas nunca sistematizou seu método por escrito, por julgá-lo em construção permanente (Centro de Informações Multieducação, 2008).

A escola de Decroly estabelecia trabalhar com elementos saídos do dia a dia, pois, para ele, a educação e a sociedade deveriam estar em interação constante, devendo a escola ser um prolongamento da vida.

Quando Decroly estabeleceu os quatro centros de interesse – necessidades de alimentação; de lutar contra as intempéries; de agir, trabalhar, descansar, divertir-se; de defesa contra perigos e inimigos –, ele entendia que, por meio deles, deveria fluir todo o ensino proposto pelo professor.

Cada especificidade, por sua vez, deveria se desenvolver por meio de três tipos de experiências ou atividades:

- de observação: exame pessoal;
- de associação: exame de objetos distantes no tempo e no espaço referências e construções;
- de expressão: seja ela plástica, verbal, ou qualquer outra (Decroly, 2008, p. 34).

Com relação ao que vem sendo discutido e a título de ilustração informativa, aponta-se que

> A escola de Decroly assemelhava-se a uma oficina ou laboratório onde a prática estava presente. Os alunos, ativamente, observavam, analisavam, manipulavam, experimentavam, confeccionavam e colecionavam materiais, mais do que recebiam informações sobre eles. O programa integrava conhecimentos de várias áreas. As primeiras a atividades eram realizadas com materiais concretos e acessíveis aos sentidos através da observação. Depois começava a atividade de classificação, comparação, até que o aluno pudesse expressar seu conhecimento por meio da organização do pensamento manifestada pela linguagem. (Centro de Informações Multieducação, 2008)

Eles tinham por objetivo a educação integral, social, vital e corporal, emocional, expressiva, criativa, entre outras.

Seu método, mais conhecido como *centros de interesse*, destinava-se especialmente às crianças das classes primárias. Nesses centros, a criança passava por três momentos: observação, associação e expressão.

Em relação ao trabalho do professor, os centros de interesse:

- permitem ao docente a observação do trabalho do aluno e a avaliação integral e contínua das aprendizagens realizadas;
- permitem que o professor organize as tarefas no nível do desenvolvimento e da turma de alunos, satisfazendo os interesses de todos;
- facilitam a organização de um ambiente educativo adequado, estimulante ao desenvolvimento da personalidade de cada individuo do grupo;
- dão oportunidade ao docente de promover, com os alunos, trabalhos individuais, em pequenos grupos ou em um grande grupo.

Os centros de interesse constituem-se numa estratégia de trabalho que pode ser desenvolvida tendo em vista o caráter de versatilidade e possibilidade de adequação, sob todos os aspectos. Muitas escolas ainda não definem claramente em que consiste trabalhar com projeto interdisciplinar ou centro de interesse. Essas estratégias requerem do professor muito preparo e criatividade e, para que sua realização seja bem-sucedida, é necessário que o docente conte com o apoio das famílias dos alunos e da comunidade.

O quadro a seguir oferece uma visão clara entre tema gerador, unidade didática, centros de interesse e projetos.

Esse quadro foi eleborado com base em Hernández e Ventura (Hernández; Ventura, 1998).

Quadro 8.2 – Demonstrativo das especificidades e das modalidades didático-
-metodológicas que podem ser desenvolvidas pelo professor

Tópicos	Tema gerador	Unidade didática	Centros de interesse	Projetos
Aprendizagem	Através do diálogo e das trocas sociais.	Por meio da assimilação em uma sequência linear e repetitiva de etapas.	Por meio da descoberta.	Por meio de relações significativas.
Temas	Temas coletados na realidade dos educandos.	Temas previamente definidos, extraídos da listagem de conteúdos.	Temas coletados da média das necessidades e dos interesses observados nas crianças.	Temas diversos que envolvam a resolução de problemas, dificuldades, necessidades.
Decisão sobre os temas	Significação social para o grupo.	Definição pelo educador ou pelo sistema.	Temas previamente selecionados pelo professor, de acordo com o que foi observado como necessidade das crianças.	Argumentação, debates, indicação do grupo, temas de interesse coletivo.
Função do educador	Animador, companheiro.	Transmissor de conhecimentos.	Propositor das etapas previamente planejadas.	Pesquisador, intérprete, organizador.

(continua)

(Quadro 8.2 – conclusão)

Tópicos	Tema gerador	Unidade didática	Centros de interesse	Projetos
Globalização	Inter-relação entre macro e microestruturas.	Somatório de disciplinas.	Integração de disciplinas.	Relação entre conhecimentos e transdisciplinaridade.
Modelo curricular	Temas geradores.	Disciplinas ou áreas do conhecimento.	Conteúdos relacionados principalmente à área das ciências ou de estudos sociais.	Temas, problemas, ideias-chave.
Papel dos alunos	Sujeito da sua aprendizagem e da sua história.	Ouvinte, executor de tarefas.	Executor de tarefas.	Copartícipe, planejador.
Estrutura didática	Vivência e pesquisa, seleção de temas e problematização através do diálogo, da conscientização e da ação social.	Motivação, desenvolvimento progressivo e sequencial, culminância.	Observação, associação e expressão.	Atividade de pesquisa, escolha e formulação de problemas, arrolamento dos dados. Construção de hipóteses, experimentação, avaliação e comunicado.
Avaliação	Mudanças na vida dos sujeitos.	Memorização e repetição.	Centralização nos conteúdos.	Centralização nas relações, nos conceitos e nos procedimentos.

Fonte: Hernández; Ventura, 1998.

Indicação cultural

VASCONCELLOS, Celso dos S. Trabalho por projeto. In: ____. *Coordenação do trabalho pedagógico*: do projeto político-pedagógico ao cotidiano da sala de aula. 5. ed. São Paulo: Libertad, 2004.

O autor, nessa obra, conduz o leitor ao entendimento da importância e da necessidade do ato de planejar, como ferramenta necessária para romper bloqueios e apontar caminhos para um ensino mais significativo, crítico, criativo e duradouro, de forma a contribuir para a qualificação da prática pedagógica do professor.

Atividades

1. Para Decroly, os centros de interesse são:
   a. elementos em torno dos quais os alunos decidem sozinhos os caminhos a seguir.
   b. ideias-eixos ao redor das quais convergem as necessidades fisiológicas, psicológicas e sociais da criança.
   c. grupos de aprendizagem que trabalham em torno de qualquer tema.
   d. elementos que confirmam o conhecimento transmitido pelo professor.
   e. maneiras de trabalhar sob o controle do professor e supervisor da escola.

2. Para Hernández, diferente de ideias apresentadas no período da escola nova, procura-se:
   a. trabalhar em torno do somatório de disciplinas.
   b. aprofundar questões curriculares que desconsiderem aspectos globalizados.
   c. ressignificar os conteúdos, dando-lhes uma nova face que inclua o contexto sócio-histórico.

d. iniciar uma temática e considerá-la encerrada ao final do processo.

e. dar ênfase às proposições do professor frente ao conteúdo estabelecido para a série.

3. O idealizador da pedagogia problematizadora foi:
   a. Dewey.
   b. Decroly.
   c. Pestalozzi.
   d. Kilpatrik.
   e. Paulo Freire.

4. Num projeto de trabalho, os temas trabalhados referem-se a:
   a. um tema determinado.
   b. qualquer tema.
   c. um somatório de matérias.
   d. uma disciplina.
   e. uma proposição levada em sala de aula pelo professor.

5. Num projeto de trabalho, segundo Hernández, alunos e professores têm a responsabilidade de:
   a. aplicar seus conhecimentos prévios sobre determinado tema, buscando, elaborando, pesquisando novas informações e atribuindo um sentido mais amplo ao assunto em foco.
   b. em grande grupo, debater sobre determinado tema e apresentá-lo aos colegas.
   c. respeitar o conteúdo estabelecido no currículo da escola, não podendo ir além dela.
   d. respeitar uns aos outros, mas seguir somente as orientações do professor.
   e. não sair fora do que foi acordado em sala de aula sob pena de alterar o planejamento previamente fixado.

(9)

Práticas interdisciplinares:
da educação infantil
ao ensino médio

Márcia Rosa da Costa é mestre em Educação (2000) pela Universidade Federal do Rio Grande do Sul (UFRGS) e doutora em Educação (2008) pela mesma instituição. É pesquisadora sobre Infância, Educação e Processos Culturais. Tem experiência na área da educação, com ênfase no ensino e na pesquisa, atuando principalmente nos seguintes temas: infância, formação de professores, metodologia de ensino e currículo.

Márcia Rosa da Costa

Neste capítulo iremos refletir sobre práticas pedagógicas que utilizam o princípio da interdisciplinaridade. Serão abordados os desafios e os pontos positivos encontrados no desenvolvimento de práticas interdisciplinares ao longo da educação básica. Como exemplo prático de aplicabilidade do conceito de interdisciplinaridade é apresentado o trabalho através de projetos, o seu significado, quais os principais autores que abordam esse tipo de trabalho, por que tem sido tão utilizada essa abordagem e quais são suas principais características.

Ainda são apresentados quatro exemplos de projetos interdisciplinares: um da educação infantil, um dos anos iniciais do ensino fundamental, um dos anos finais do ensino fundamental e um do ensino médio, com o objetivo de levar você, leitor, a refletir sobre as inúmeras possibilidades de desenvolvimento de trabalhos pedagógicos de caráter interdisciplinar.

(9.1)
A interdisciplinaridade na prática cotidiana

Tratar do tema INTERDISCIPLINARIDADE, na maioria das vezes, pode parecer fácil quando não o relacionamos diretamente com o cotidiano escolar. A pergunta dos docentes que sempre "fica sem resposta" é: Como isso acontece na prática?

Por isso, é de suma importância termos uma prática teorizada, ou seja, estarmos constantemente refletindo a prática pedagógica com base em referenciais teóricos, até porque teorias só se constituem a partir de dados empíricos.

Refletir a prática buscando teorizá-la não se constitui numa tarefa muito fácil, pois exige dos educadores que, em primeiro lugar, compreendam que teoria e prática não devem ser dissociadas. Em segundo lugar, exige uma mudança de postura, que implica um tempo de apropriação, pois da mesma forma como referimos que os alunos necessitam de um tempo para aprender, para se apropriar de suas descobertas e de novos conhecimentos, também o professor precisa de tempo e oportunidades para realizar suas novas aprendizagens.

Uma postura interdisciplinar por parte do educador implica a busca do estabelecimento de conexões e correspondências entre as disciplinas, ou seja, a busca de elementos que estejam presentes nas diferentes áreas do conhecimento e nos diferentes conteúdos. Os elementos que muitas vezes interligam as diferentes áreas do conhecimento no desenvolvimento de uma prática interdisciplinar são os conceitos.

Muitas vezes, ouvimos os educadores relatarem que é mais fácil o desenvolvimento de práticas interdisciplinares na educação infantil e nos anos iniciais do ensino fundamental porque, em geral, somente um professor desenvolve a prática pedagógica.

Porém, o desafio que se apresenta aos professores dos níveis iniciais da educação básica é o aprofundamento que devem buscar nas diferentes áreas do conhecimento, tendo em vista que sua formação é específica na área pedagógica e generalista nas áreas de conhecimento.

Já o desafio que se coloca aos educadores dos anos finais do ensino fundamental e aos do ensino médio é a articulação entre as diferentes áreas do conhecimento, que busca integrar seus trabalhos, já que uma turma é atendida por professores de diferentes áreas e um mesmo professor atende várias turmas. Ou seja, para todos, o trabalho com um enfoque interdisciplinar se constitui num desafio.

Uma das formas de desenvolvimento do trabalho pedagógico envolvendo uma postura interdisciplinar que se tem apresentado como uma boa alternativa é o trabalho por meio de projetos.

(9.2)
A interdisciplinaridade e o desenvolvimento de projetos

Ultimamente temos ouvido falar muito sobre o trabalho com projetos, mas muitas indagações ainda surgem, pois, apesar de já existirem várias publicações sobre o assunto, nem sempre os educadores se detêm no significado dessa abordagem metodológica e, poucas vezes, devido a vários fatores, conseguem realizar um estudo cuidadoso e aprofundado, para compreender seus fundamentos e a contribuição desse tipo de prática para o desenvolvimento de uma postura interdisciplinar.

As indagações que comumente surgem estão dispostas nas páginas a seguir, com algumas respostas que podem contribuir para a melhor compreensão do significado do trabalho por meio de projetos.

O que significa trabalhar com projetos?

A palavra *projeto* significa, de acordo com o *Dicionário Aurélio* (Ferreira, 2004), uma "ideia que se forma de executar ou realizar algo no futuro; plano, intento, desígnio"; um "empreendimento a ser realizado dentro de um determinado esquema"; "redação ou esboço provisório de um texto".

No que diz respeito ao trabalho pedagógico por meio de projetos, encontramos diferentes denominações que estão relacionadas ao referencial teórico e às concepções de ensino-aprendizagem, apresentando diferenças na concepção e/ou forma de condução do processo.

Por isso, encontramos as seguintes denominações: *projetos de trabalho*, *metodologia de projetos* e *pedagogia de projetos*.

Cada uma dessas denominações tem sua origem em autores que desenvolvem a concepção do trabalho por meio de projetos com características específicas. Por exemplo:

a. Santomé (1998) e Hernández (1998), pesquisadores espanhóis, utilizam a terminologia de PROJETOS DE TRABALHO, desde a década de 1990, com uma visão de currículo integrado. A obra de Hernández tem se tornado bastante conhecida e utilizada no Brasil. Esse autor destaca que não considera os projetos de trabalho uma metodologia.

b. Zabala (2002), também pesquisador espanhol, considera que o trabalho por meio de projetos envolve uma metodologia e propõe o enfoque globalizador para o processo educativo.

c. Jolibert (2007), é uma pesquisadora argentina que desenvolve suas pesquisas na França. Já na década de 1980 propunha o trabalho por meio de projetos.

d. Lerner (2002) e Kaufman (1995), também pesquisadoras argentinas, apresentam uma visão globalizadora do processo educativo.

De onde veio essa ideia?

As propostas de trabalho por meio do método de projetos surgiram no início do século XX, com Dewey (1970) e outros representantes da chamada *Pedagogia Ativa* ou *Movimento Escola Nova*. Já nessa época, Dewey apresentava como concepção a ideia de que a educação deve ser um processo de vida e não uma preparação para a vida futura. Portanto, deve oportunizar atividades que representem para o aluno a vida real. Como método de trabalho pedagógico, o trabalho com projetos foi teorizado por William H. Kilpatrick (1918), num artigo em 1918.

Por que o trabalho com projetos, agora?

Na realidade, a discussão e a busca por uma forma diferenciada de trabalho é o resultado de um processo de reflexões no meio educacional sobre propostas pedagógicas que apresentem posturas diferentes no papel do professor e no envolvimento do aluno no processo de ensino-aprendizagem.

Além disso, surgiu pela necessidade de encontrar-se uma proposta de trabalho que aproximasse as aprendizagens das necessidades e dos interesses dos alunos de forma significativa.

Ainda temos que considerar que as mudanças sociais e tecnológicas intensas provocaram uma rediscussão da função social da escola e reflexões sobre o que esperar da escola perante a complexa conjuntura social e econômica da atualidade.

Quais as principais características do trabalho pedagógico com projetos?

É possível afirmar que, apesar de encontrarmos vários autores e nomenclaturas sobre o trabalho com projetos, praticamente todos consideram que os projetos, em qualquer nível de ensino, devem:

a. ter suas temáticas originadas de interesses ou de necessidades expressadas pelos alunos;

b. envolver os alunos em todo o processo de planejamento e avaliação: o que querem descobrir/aprender sobre aquele tema (questões e objetivos), como podem realizar essas descobertas e se foram válidas as descobertas e as formas de realizá-las;

c. ter situações de pesquisa, de busca pelas perguntas que se colocaram por meio de investigações em diferentes fontes de informações;

d. apresentar as descobertas realizadas através de uma forma de divulgação.

Podemos observar, em muitas escolas, que existem várias formas de desenvolvimento do trabalho pedagógico intituladas de *trabalho por projetos*, mas que nem sempre o são.

Como pudemos observar até aqui, algumas características básicas são essenciais no desenvolvimento da proposta para que esta seja considerada um projeto. Além disso, é importante que o grupo de educadores estude e conheça o que significa trabalhar com projetos, para que possa desenvolver suas perspectivas acerca desse panorama de trabalho, percebendo as inúmeras formas de trabalho com perspectiva interdisciplinar que essa proposta metodológica ou postura pedagógica, como alguns autores preferem denominar, permite.

(9.3)
Exemplos de projetos

Agora, serão apresentados exemplos de quatro projetos desenvolvidos: na educação infantil, nos anos iniciais do ensino fundamental, nos anos finais do ensino fundamental e no ensino médio.

Esses projetos, além de apresentar praticamente todas as características citadas, auxiliarão na compreensão de como podemos desenvolver práticas interdisciplinares na escola.

Projeto "Você sabia? Conhecimentos e curiosidades a respeito do índio tupi-guarani e a Amazônia"[a]

Esse projeto foi desenvolvido com uma turma de crianças de quatro a cinco anos da educação infantil, tendo como tema central a cultura indígena, especialmente os índios tupis-guaranis e a Floresta Amazônica.

> *O tema do projeto surgiu a partir do interesse demonstrado pelas crianças em uma situação de sala de aula, no dia dezenove de abril, dia do índio. As crianças ao escutarem a canção "Tu, tu, tupi", de Hélio Ziskind, questionaram a professora a respeito das palavras de origem tupi-guarani. A partir desta situação a professora junto às crianças se propuseram a estudar algumas palavras de origem tupi-guarani que são utilizadas no cotidiano.* (Ramos, 2007)

A professora fez um levantamento das palavras e buscou um vocabulário relacionado à fauna e à flora, pois assim poderiam abordar no projeto o estudo dos índios tupis-guaranis, relacionando-os com outros povos indígenas e com a Floresta Amazônica. Segundo a professora, seria:

> *Impossível não relacionar o índio brasileiro, independente do povo que faça parte, com a preservação do nosso meio ambiente, especialmente da floresta Amazônica. Trabalhar com essa temática junto às crianças faz-se necessário para que possamos criar uma cultura de amor, carinho e respeito a tudo que se relaciona com a natureza e suas formas de vida como os animais, as plantas, os rios, enfim com tudo que podemos*

---

a. Projeto desenvolvido no Colégio Santa Inês, em Porto Alegre, para a educação infantil. O projeto foi gentilmente cedido pela Professora Andréa Pereira Ramos e pela coordenação pedagógica da educação infantil.

cuidar e preservar para que a nossa geração e as que virão possam desfrutar de um lugar lindo de viver e de contemplar. (Ramos, 2007)

Para saber o que os alunos já conheciam sobre o tema, bem como quais as curiosidades e os questionamentos sobre os assuntos a serem abordados, a professora organizou um momento da aula no qual se sentaram em círculo e desenvolveram um diálogo.

Essa conversa foi gravada pela docente com o objetivo de analisá-la depois e fazer um levantamento cuidadoso das informações trazidas pelas crianças e das curiosidades suscitadas. Com isso poderia ficar atenta a tudo o que dissessem e fazer indagações pertinentes, sem se preocupar em fazer registros no momento da conversa.

A professora iniciou o diálogo perguntando: "Que animais vocês acham que vivem lá na Floresta Amazônica?" e as crianças responderam: "Au au", "Cachorro, gato", "Fede-fede", "A onça pintada pode comer o índio, né?!".

Durante o diálogo, a professora fazia várias indagações, até que um menino disse: "No filme da Tainá, ela tem um bichinho de estimação, que é o melhor amiguinho dela: o macaco. E na Amazônia, ó, tem um monte de tipo de macaco!".

Nesse momento, a professora mostrou algumas imagens da Floresta Amazônica, e as crianças passaram a fazer vários comentários e levantamentos de hipóteses sobre o tema.

A partir das informações obtidas mediante essa conversa e com inspiração na leitura do livro *O poder dos projetos*, a professora resolveu construir uma rede de conceitos, temas e atividades para organizar o desenvolvimento do trabalho, verificar todas as áreas de conhecimento que estariam envolvidas e qual seria a relevância do tema.

A rede representa graficamente tudo o que pode ser desenvolvido, permitindo que possamos visualizar as conexões entre as diferentes áreas do conhecimento. A rede ficou representada da seguinte forma:

Figura 9.1 – Projeto "Você sabia? Conhecimentos e curiosidades a respeito do índio tupi-guarani e a Amazônia"

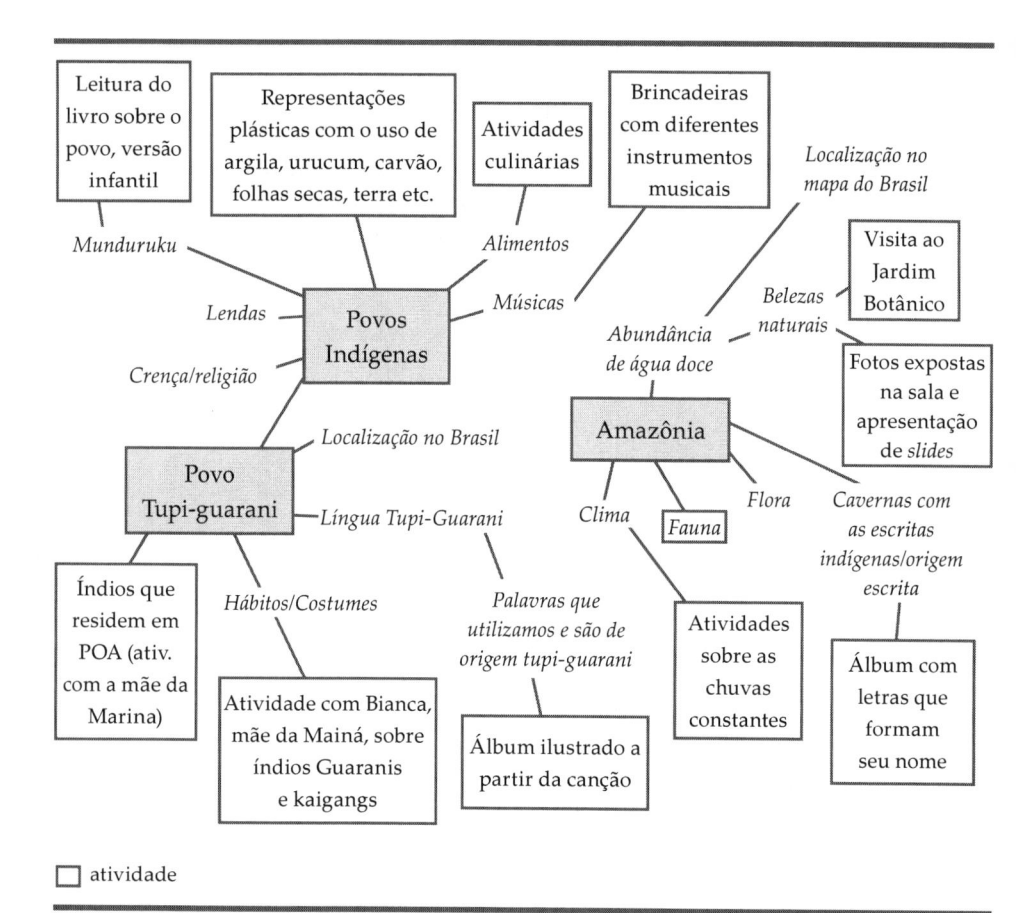

Leitura do livro sobre o povo, versão infantil	**Representações plásticas com o uso de argila, urucum, carvão, folhas secas, terra etc.** — **Atividades culinárias** — **Brincadeiras com diferentes instrumentos musicais** — *Localização no mapa do Brasil*

Munduruku — *Alimentos* — Visita ao Jardim Botânico

Lendas — **Povos Indígenas** — *Músicas* — *Belezas naturais*

Crença/religião — *Abundância de água doce* — Fotos expostas na sala e apresentação de *slides*

Localização no Brasil — **Amazônia**

Povo Tupi-guarani — *Língua Tupi-Guarani* — *Clima* — *Flora* — Cavernas com as escritas indígenas/origem escrita

Índios que residem em POA (ativ. com a mãe da Marina) — *Hábitos/Costumes* — *Palavras que utilizamos e são de origem tupi-guarani* — *Fauna* — Atividades sobre as chuvas constantes — Álbum com letras que formam seu nome

Atividade com Bianca, mãe da Mainá, sobre índios Guaranis e kaigangs — Álbum ilustrado a partir da canção

☐ atividade

Como podemos observar, a partir de dois temas centrais (povos indígenas e Amazônia), vários conceitos puderam ser explorados por diferentes áreas do conhecimento, caracterizando um trabalho interdisciplinar.

Foram desenvolvidos conceitos pertinentes às áreas das ciências sociais e naturais, como seres vivos, natureza, água, alimentação e moradia.

Em relação à linguagem, os conceitos centrais que envolvem oralidade, leitura e escrita se desenvolveram por meio da nomeação de objetos através de imagens e estabelecimento de relações, da troca de informações, das experiências e das opiniões nas rodas de conversas e discussões sobre o projeto, da escrita de palavras significativas.

Além disso, ainda foram trabalhadas as linguagens plásticas e a musical, além de todas as capacidades representativas, cujo desenvolvimento é fundamental para a compreensão futura dos conceitos de qualquer área do conhecimento.

As principais atividades desenvolvidas foram:

- pesquisa sobre as palavras de origem tupi-guarani e confecção de um álbum coletivo para consulta e análise por meio de ilustrações;
- trabalho com mapa da América do Sul e do Brasil para identificação e localização da Amazônia e do Rio Grande do Sul;
- representação da extensão territorial ocupada pela Floresta Amazônica com colagens e desenhos em painel elaborado coletivamente e exploração de argila de maneira livre e dirigida pelo professor, fazendo referência ao barro utilizado por muitos índios do Brasil para a confecção de seus utensílios;

- montagem de alfabeto coletivo com colagem de gravuras e desenhos feitos pelas crianças para consulta e análise de palavras de origem tupi-guarani;
- atividade sobre as chuvas que ocorrem diariamente na região Norte do país, especialmente na Floresta Amazônica, utilizando confetes;
- atividades literárias com lendas indígenas e com as histórias folclóricas dipostas no DVD "Lá vem história", de Bia Bedran. Ex.: Vitória Régia, Uirapuru;
- desenhos livres com carvão e urucum; representação da planta vitória-régia com papelão, plástico bolha, cola e tinta; intervenções com tintas, plasticor, giz de cera derretido em vela, entre outros materiais em fotos ampliadas e xerocadas com imagens da Floresta Amazônia;
- atividade/entrevista com professora que já foi ao Xingu (trouxe materiais, fotos e objetos);
- atividades culinárias utilizando alimentos que fazem referência aos indígenas brasileiros, como milho, mandioca (aipim), abacaxi etc.;
- atividade com a mãe de uma das alunas da turma, apresentando imagens de crianças tupis-guaranis que residem em Porto Alegre.

A postura interdisciplinar que podemos encontrar nesse projeto está no estabelecimento de conexões e correspondências entre os elementos presentes, oriundos das diferentes áreas do conhecimento, traduzidos em conteúdos próprios da educação infantil e interligados no seu interior por meio de conceitos.

Convém ressaltar que a educação infantil é uma etapa bem distinta das outras, devido às características da faixa etária que atende e da abordagem curricular, que não deve se dar por áreas de conhecimento isoladas.

No entanto, acreditamos que a educação infantil deva ter uma abordagem diferenciada devido às características do desenvolvimento das crianças de 0 a 5 anos que exigem uma ação educativa integrada, buscando facilitar os processos de ensino-aprendizagem, sem que os conhecimentos escolares adquiram posições hierárquicas ou disciplinares.

Projeto "Identidade: eu e o mundo"[b]

Esse projeto foi desenvolvido para os anos iniciais do ensino fundamental, mais especificamente com quatro turmas da primeira série. Foi o primeiro projeto desenvolvido no ano letivo, por isso as professoras pensaram em um tema que pudesse abarcar as curiosidades e os interesses que geralmente as crianças demonstram nessa época do ano. Justificaram a temática do projeto colocando que

> O conceito de identidade está vinculado diretamente àquilo que uma cultura ensina sobre etnia, raça, religião, gênero, geração, nacionalidade, nos constituindo enquanto sujeitos. Em nossas salas de aula temos sujeitos "possuidores" de múltiplas identidades, as quais se transformam. O presente projeto surge, então, da necessidade de trabalharmos a formação de cidadãos solidários e cooperativos, o que envolve o conhecimento de si mesmo, a descoberta do outro, o respeito a todas as formas de diferença e o reconhecimento da interdependência entre os seres. (Nectoux et al., 2007)

---

b. Projeto desenvolvido no Colégio Santa Inês, em Porto Alegre, na primeira série do ensino fundamental, pelas professoras Clarissa Neves, Fernanda Cauduro, Joice Passos e Viviane Nectoux. Foi gentilmente cedido pelas professoras e pela Coordenação Pedagógica dos Anos Iniciais do Ensino Fundamental.

O conceito de identidade permite muitas possibilidades de trabalho e interligações entre as várias áreas do conhecimento. Na primeira série do ensino fundamental, no desenvolvimento do processo de alfabetização, inicia-se trabalhando a escrita do nome da criança, o que permite um olhar sobre a história de cada um.

O grupo de professoras tem um entendimento, fundamentado teoricamente, de que há diversos processos que envolvem a construção da identidade, os quais se inter-relacionam e se complementam.

Os docentes abordam, por isso, o conceito de identidade em duas dimensões: a pessoal e a social. A pessoal busca a construção da noção do próprio "eu", envolvendo a consciência corporal; já a busca do conhecimento do "outro" reflete a dimensão social.

Como principais objetivos desse projeto, as professoras definiram:

1. possibilitar situações de estudos, de comparações, de análise de dados e de variadas situações acontecidas no passado e que estão se realizando no presente para que o aluno possa se autoconhecer e se perceber como protagonista e corresponsável por sua própria história de vida;
2. desenvolver a autonomia do aluno, direcionando os conhecimentos construídos para a resolução de problemas, tanto para as decisões pessoais e intransferíveis do cotidiano quanto para as grandes questões que afligem a comunidade na qual está inserido e para a humanidade em geral;
3. possibilitar momentos de reflexão sobre as relações consigo mesmo, com o outro e com o mundo mais imediato que o cerca, a fim de crescer como pessoa, com os outros e com o transcendente;

4. proporcionar momentos em que os alunos possam compreender que as diferenças existem e são necessárias em nosso dia a dia (Nectoux et al., 2007).

A definição de objetivos claros é um dos fatores importantes para que o projeto possa ter um desenvolvimento adequado. A reflexão sobre o que se quer do processo educativo é a chave para que o professor possa verificar como estão acontecendo as aprendizagens, assim como para ter um processo avaliativo coerente e bem definido. Os principais objetivos de um projeto podem estar relacionados à sua temática central, evidenciando as aprendizagens que podem ser construídas pelos alunos mediante o tema em questão.

Quadro 9.1 – Esquema dos conceitos desenvolvidos no Projeto Identidade

	Eu e o Mundo
	Adaptação, Oralidade, Leitura, Escrita, Classificação, Quantificação
Artes	*Estética* • Literatura infantil: apreciação e atividades de exploração da riqueza estética presente nas ilustrações da literatura infantil. • História da arte: contato com obras e produções culturais. *Representação* • Perspectiva: atividades de investigação e representação do espaço, desenhos livres experimentando linhas, pontos, formas geométricas, vivências de movimentos, noções topológicas e simetria. *Expressão* • Atividade de: pintura, desenho, colagem, modelagem, construção com sucata e representação com formas geométricas. • Cor: atividades de exploração de tintas e outros materiais, sentimentos a partir das cores.

(continua)

(Quadro 9.1– continuação)

	Eu e o Mundo Adaptação, Oralidade, Leitura, Escrita, Classificação, Quantificação
Artes	*Imagem* • Patrimônio cultural e histórico: nomeação de objetos do cotidiano e contato com diferentes manifestações culturais. • Publicidade e propaganda: atividades de estudo da imagem comunicativa (rótulos).
Ciências Naturais	*Biologia* Hereditariedade • Semelhanças e diferenças físicas do ser humano. Ecologia • Preservação da natureza.
Códigos e Linguagens	• História da escrita.
Educação Religiosa	*Cultura e tradições religiosas* Corporeidade • Consciência corporal. • Cuidado com o meu corpo. • Cuidado com o corpo do outro. Espaço • Campanha da Fraternidade. *Ritos* Rituais • Páscoa. Símbolos • A foto como recordação. • Os símbolos do cotidiano. • Os símbolos dos outros. • Os símbolos religiosos das pessoas. *Ethos* Alteridade • Sou igual e diferente. • As diferenças não atrapalham. *Temas transversais* Vida familiar Sentimentos

(Quadro 9.1– continuação)

Eu e o Mundo
Adaptação, Oralidade, Leitura, Escrita, Classificação, Quantificação

História	*Identidade* • Minha vida, minha idade e minha família. *Memória* • Fases: infância. • Infância: pais e avôs. *Imaginário* • O brincar no presente. *Cultura* • Caracterização de época: atual – moradia, alimentação e lazer. *Ideologia* • Relações de gênero. *Relações sociais* • Normas de convívio: meu grupo (colega). • Regras de convívio; relações de convívio. *Espaço* • Minha casa. • Campanha da Fraternidade. *Tempo* • Noção de tempo: ordenação, sucessão e simultaneidade. • Linhas de tempo.
Geografia	*Espaço Geográfico* • Casa. • Campanha da Fraternidade. *Espaço representado* • Noção espaço.
Matemática	*Ordem e seriação* • Ordenação e seriação de diversos tipos de materiais. *Classificação* • Relação de pertinência. • Inclusão de classes (classificação de objetos de acordo com a cor, a espessura, o tamanho e a forma). • Noções projetivas e topológicas: simetria (em cima, embaixo, do lado etc.). • Figuras planas: quadrado, triângulo, círculo e retângulo (identificação no que se refere à forma, à cor, ao tamanho e à espessura).

(Quadro 9.1 – conclusão)

	Eu e o Mundo
	Adaptação, Oralidade, Leitura, Escrita, Classificação, Quantificação
Matemática	*Quantificação* • Construção da noção de número. • Desafios lógico-matemáticos. *Medida e tempo* • Noções projetivas e topológicas: simetria. • Exploração de padrões de medidas (peso, altura, comprimento); utilização da régua e da fita métrica para medir segmentos (exploração do concreto). • Construção e interpretação coletiva de gráficos. *Espaço* • Experimentação das noções de ponto, reais e planos. • Noções projetivas e topológicas. • Figuras planas: quadrado, triângulo, círculo e retângulo (quanto ao espaço que ocupam no ambiente).

O trabalho nos anos iniciais do ensino fundamental, como mencionado anteriormente, devido às características curriculares desse nível de ensino, possibilita que o trabalho interdisciplinar ocorra com um número de desafios menor que nos níveis posteriores de ensino.

Vamos ver os exemplos de atividades através do quadro de relações, que mostra concretamente quantas áreas de conhecimento foram envolvidas e exemplifica o caráter interdisciplinar desse projeto.

Projeto "O ser humano como agente transformador do meio ambiental"[c]

O projeto foi desenvolvido para os anos finais do ensino fundamental, com quatro turmas da quinta série. O tema surgiu a partir da avaliação realizada pelo grupo de professores após um passeio, quando perceberam que os alunos tinham dificuldades de entender o seu meio. O projeto justificou-se, então, pela necessidade de possibilitar que os alunos ampliassem suas concepções sobre o meio ambiente.

O objetivo principal do projeto foi valorizar as ações humanas que transformam positivamente os espaços sociais e naturais.

Para o desenvolvimento do projeto com uma abordagem interdisciplinar, foi necessário que os professores se reunissem para poder planejar suas ações, verificando como cada componente curricular (disciplina) poderia destacar, num processo de identificação com os alunos, as problematizações sobre o tema.

Descrevemos a seguir uma síntese das principais atividades desenvolvidas por cada componente curricular (disciplina) no projeto.

Em Ensino Religioso, os alunos, além de trabalharem o tema da Campanha da Fraternidade: "Fraternidade e Amazônia", assistiram ao filme Tainá, debatendo-o em seguida. Depois, por meio de um estudo em grupo, cada turma assumiu uma ação:

---

c. Projeto desenvolvido no Colégio Santa Inês, em Porto Alegre, no 6º ano do ensino fundamental, pelo grupo de professores do ano letivo de 2007 que atendiam a essa série. O projeto foi gentilmente cedido pelos professores e pela Coordenação Pedagógica dos Anos Finais do Ensino Fundamental.

- Turma 51: Confeccionou um caderno (livro) com lendas da Amazônia, estudadas e pesquisadas pela turma, utilizando papel reciclável e tecido.
- Turma 52: Criou um *blog* para divulgar pesquisas e comentários sobre a preservação dos recursos naturais <http://www.vibeflog.com/sosamazonia>. Além disso, promoveu a venda de uma rifa, que contou com doações de prêmios de alguns alunos da própria turma. O objetivo era distribuir panfletos com algumas dicas de preservação.
- Turma 53: Em vez de jogar bolinhas de papel na lixeira, as folhas de rascunho não seriam amassadas, e sim colocadas em uma caixa para reciclar. A ideia funcionou por duas semanas.
- Turma 54: Os alunos optaram por plantar sementes e cultivar na escola. A plantação foi iniciada, algumas sementes começaram a brotar, só que não foi possível continuar desse jeito devido a alguns transtornos de cuidado. Os alunos levaram o material para continuar em casa e num dia combinado trouxeram para escola as plantas.

Em Matemática, os alunos dispuseram-se a confeccionar objetos com materiais reciclados, reaproveitando materiais que iriam para o lixo, contribuindo assim com o meio ambiente. Além da reciclagem, conheceram outras formas de preservação do meio ambiente, através da utilização dos plásticos e das garrafas PET em artesanatos, brinquedos e utensílios.

Houve um processo de reflexão sobre a importância de reutilizar garrafas PET, desse modo evitando, por exemplo, que cheguem aos bueiros e rios, reduzindo os efeitos ambientais causados pelo lixo.

Os estudantes observaram medidas utilizando os materiais recicláveis – comprimento e superfície, além de construírem gráficos de barras mediante dados sobre problemas ambientais.

Em Ciências, foram abordados o estudo da constituição ambiental de diferentes ecossistemas, a análise de causas e consequências da ação antrópica, a construção do pensamento científico através da formulação de hipóteses para resolução de problemas, o estudo do método científico e a construção de um trabalho científico por meio de questões ambientais de interesse do grupo. As apresentações foram nos mesmos moldes de um salão de iniciação científica. Também foi desenvolvida uma campanha publicitária tendo como foco o problema ambiental estudado.

Em Geografia, os alunos assistiram ao filme *Uma verdade inconveniente*. Receberam a visita do pai de um estudante, o qual é integrante de uma ONG, que trabalha em prol da preservação do meio ambiente e aprofundaram estudos sobre determinados problemas ambientais.

Nas aulas de História, discutiram textos sobre arqueologia, lixo e estilos diferentes de vida, quando foram trabalhados os conceitos de atraso e evolução – comparação da relação com a natureza que nossos antepassados da Pré-História tinham e que nós temos hoje.

Em Arte, trabalharam com arte rupestre, explorando tintas orgânicas, industrializadas e trabalhos digitais. Realizaram experimentos de "suportes" naturais e orgânicos: galhos, folhas troncos etc.

Nas aulas de Música, desenvolveram estudos sobre os grupos Uakti e Stomp, que utilizam instrumentos construídos com materiais alternativos, a partir da análise de vídeos, pesquisa sobra a história, a origem e a proposta dos dois grupos. Ainda construíram instrumentos a partir de sucata, com o objetivo de obter diferentes timbres.

Em Português, o enfoque foi a análise e a produção de diferentes modelos de textos: fôlderes, panfletos, textos informativos e histórias em quadrinhos, envolvendo as questões ambientais, principalmente a reciclagem do lixo e o uso de bolsas ecológicas. Ainda registraram os estudos e as descobertas que fizeram nas diferentes disciplinas em forma de relatórios, panfletos, cartas etc. Leram o livro *Em algum lugar o lixão*, de Rosana Rios, e realizaram dramatizações, exposições, livros, maquetes, cartas e montagem de personagens envolvendo o assunto tratado no livro com materiais recicláveis.

Nas aulas de Educação Física, viram *slides* sobre a ação humana nos espaços vazios de Porto Alegre, refletiram e elaboraram propostas de como poderiam ser realizadas transformações positivas oferecendo opções de áreas de lazer no local em que vivem.

É importante destacar que, nesse tipo de projeto, algumas atividades foram realizadas em conjunto pelas disciplinas, e as atividades específicas de cada disciplina foram desenvolvidas pelos professores, incorporando o tema como conteúdo. As temáticas e os conceitos possibilitaram as redes de relações que caracterizaram a interdisciplinaridade desse projeto.

Projeto "Cidadão Responsável"[d]

Esse projeto foi desenvolvido com quatro turmas de primeiro ano do ensino médio, tendo como tema central "cidadania responsável". Escolhida no início do ano letivo pelo grupo de professores, essa temática possibilita a construção de conceitos relacionados com o entendimento sobre o que é ser um cidadão responsável. A apresentação da problematização aos alunos adolescentes também permitiria o encontro com seus interesses e curiosidades.

Para realizar o levantamento dos conceitos relacionados ao tema, a primeira atividade desenvolvida foi assistir ao filme *Efeito Borboleta*, de Eric Bress e J. Mackye Gruber. Os temas que surgiram no debate sobre o filme foram organizados em uma rede temática, que ficou representada da seguinte forma:

Figura 9.2– Esquema elaborado a partir dos temas citados pelos alunos

Cidadão responsável:
- amor
- atitude
- drogas
- família
- ameaça
- união
- agressão
- respeito
- vandalismo
- consideração
- preconceito
- responsabilidade
- prostituição
- solidariedade
- pedofilia
- humildade
- assassinato
- personalidade
- arrependimento
- consciência
- coragem
- consequências
- futuro

---

d. Projeto desenvolvido no Colégio Santa Inês, em Porto Alegre, no 1º ano do ensino médio, pelo grupo de professores do ano letivo de 2007 que atendia a essa série. O projeto foi gentilmente cedido pela Coordenação Pedagógica do Ensino Médio, do ano de 2006, para exemplificação em atividades acadêmicas.

Foi com base na rede temática e nas atividades comuns que os professores pensaram em um plano de ação para trabalhar com as turmas. Algumas atividades foram desenvolvidas em conjunto pelos diferentes componentes curriculares (disciplinas), outras foram trabalhadas em disciplina específica, relacionando os seus conteúdos com os conceitos e os temas do projeto.

Dentre as atividades comuns, houve um debate com psicólogas abordando assuntos do cotidiano dos adolescentes. Ocorreu o estabelecimento de algumas combinações entre os professores e as turmas para o bom desenvolvimento do trabalho, como: responsabilidade em trazer o material, prestar atenção na aula, não atrapalhar os outros e dar importância ao envolvimento com as atividades do projeto.

Para exemplificar como cada componente curricular (disciplina) realizou seu trabalho, seguem algumas das atividades desenvolvidas em cada um deles:

- Português: leitura dos livros *Cavaleiro inexistente* e *As batalhas do Castelo*. As leituras apresentam entre muitos temas, a importância do trabalho em grupo, a responsabilidade, a liderança, a visão de trabalho individual e a cooperação.
- Literatura: leitura das obras *O rei Artur e os Cavaleiros da Távola Redonda* e *Tristão e Isolda*. Nessas leituras, foram discutidas questões como responsabilidade, liderança, organização e competência.
- Língua estrangeira: leitura e interpretação de textos que abordam o respeito às diferenças em vários âmbitos e localidades, a responsabilidade individual e coletiva, em qualquer parte do mundo, e a administração do tempo e dos recursos de que dispomos.

- Matemática: interpretação e tratamento de dados estatísticos levantados na atividade de interpretação do filme.
- Física e Química: trabalho sobre o "cientista responsável" com construção de um texto argumentativo sobre a construção da bomba atômica.
- Educação Religiosa: percepção sobre o papel na sociedade como um indivíduo apto a tomar decisões e a pensar nas suas consequências; o "limite" entre a liberdade e a responsabilidade nas situações do cotidiano – em casa, na escola, nas festas, no lazer; Meu Projeto de Vida 2006.
- Arte: transformação na arte e as transformações sociais e políticas; estética, visão de si e do mundo, valores, formação cultural e cidadania; histórias ilustradas e histórias em quadrinhos em conexão com a disciplina de Literatura.
- Educação Física: apresentação prática coletiva de jogos construídos para a turma.
- Relações Escolares e Autonomia (REA): integração da turma/construção e reflexão de valores; trabalho com os temas escolhidos pelos alunos enfatizando a questão da responsabilidade.
- História: construção do pré-projeto "Cidadão Responsável: desafios, perspectivas e qualidade de vida".
- Geografia: violência no mundo. Discussão e construção de textos relacionados com a violência em São Paulo e à crise entre Brasil e Bolívia.

Após o desenvolvimento dessas atividades, os alunos escolheram um dos temas trabalhados para ser divulgado à comunidade escolar. Os grupos foram formados por sete ou oito alunos da mesma turma. Cada grupo preparou uma apresentação ao vivo, contextualizando o tema na realidade vivida pelos adolescentes e estabelecendo relação com a temática "responsabilidade".

Como você pode ver, são inúmeras as possibilidades de realização de um trabalho interdisciplinar. A atuação por meio de projetos é uma das formas que permite que isso aconteça com mais naturalidade.

Os exemplos dados não indicam projetos ou práticas interdisciplinares ideais, mas sim demonstram a caminhada do grupo de professores de uma mesma escola na busca de uma prática pedagógica de caráter globalizador, que permita, antes de qualquer coisa, a construção de aprendizagens significativas aos seus alunos.

Indicação cultural

OLIVEIRA, Antonio Carlos de. *Projetos pedagógicos*: práticas interdisciplinares – uma abordagem para os temas transversais. São Paulo: Avercamp, 2005.

O livro traz a descrição de cinco projetos desenvolvidos, de caráter interdisciplinar, em que o autor descreve experiências refletidas, apresentando as atividades realizadas. Os temas dos projetos abordados são: memória, drogas, tribos urbanas, fanzines e grafite na escola. Com a descrição de cada um dos projetos, encontram-se indicações bibliográficas, músicas, filmes e sugestões de vários materiais.

O objetivo do autor é que, a partir da leitura do livro, os educadores possam se inspirar, criar e desenvolver seus próprios projetos, buscando outras dinâmicas e materiais para enriquecer o trabalho pedagógico e o caráter interdisciplinar tão almejado nos últimos tempos.

Atividades

1. Uma postura interdisciplinar por parte do educador implica:
   a. saber diferenciar interdisciplinaridade, multidisciplinaridade e pluridisciplinaridade.
   b. buscar elementos que estejam presentes nas diferentes áreas do conhecimento e nos diferentes conteúdos.
   c. conhecer bem os conteúdos que deve desenvolver, buscando estratégias adequadas de acordo com a faixa etária dos alunos.
   d. relacionar-se bem com seus alunos e dominar os conteúdos de todas as áreas de conhecimento.
   e. desenvolver projetos pedagógicos com temas relacionados ao interesse dos alunos.

2. As propostas de trabalho por meio do método de projetos surgiu:
   a. no final do século XX, com Fernando Hernández e outros educadores espanhóis.
   b. no início do século XXI, com Fernando Hernández e outros educadores espanhóis.
   c. na década de 1980, com a pesquisadora argentina, radicada na França, Josette Jolibert.
   d. no início do século XX, com John Dewey e outros representantes da chamada *Pedagogia Ativa* ou *Movimento Escola Nova*.
   e. na década de 1990, com Fernando Hernández e Antoni Zabala, educadores espanhóis.

3. Algumas das características básicas do trabalho com projetos são:
   a. ter temáticas originadas de interesses ou de necessidades expressadas pelos alunos, envolver os alunos em todo o processo de planejamento e avaliação, ter situações de pesquisa, apresentar as descobertas realizadas através de uma forma de divulgação.
   b. ter temáticas originadas de interesses ou de necessidades expressadas pelos alunos, envolver somente o grupo de professores no processo de planejamento e avaliação, ter situações de pesquisa e apresentar as descobertas realizadas através de uma forma de divulgação.
   c. ter temáticas originadas pelo projeto pedagógico da escola, envolver os alunos em todo o processo de planejamento e avaliação, ter situações de pesquisa e apresentar as descobertas realizadas através de uma forma de divulgação.
   d. ter como temáticas somente as originadas de situações da realidade social, envolver os alunos em todo o processo de planejamento e avaliação, ter situações de pesquisa e apresentar as descobertas realizadas através de uma forma de divulgação.
   e. ter temáticas originadas de interesses ou de necessidades expressadas pelos alunos, envolver os alunos somente no processo de planejamento, ter situações de pesquisa e apresentar as descobertas realizadas através de uma forma de divulgação.

4. O trabalho com projetos é uma forma de colocar em prática a interdisciplinaridade porque:
   a. trabalho é o resultado de um processo de reflexões no meio educacional sobre propostas pedagógicas.
   b. é uma proposta de trabalho que aproxima as

aprendizagens das necessidades e dos interesses dos alunos de forma significativa.

c. possibilita que o tema central e as questões problematizadoras interliguem, através de conceitos, as diferentes áreas do conhecimento.

d. apresenta uma postura diferente do professor e do aluno no processo de ensino-aprendizagem.

e. considera que as mudanças sociais e tecnológicas intensas provocam uma rediscussão da aprendizagem.

5. Um dos desafios que os professores dos anos finais do ensino fundamental e do ensino médio encontram para o desenvolvimento de práticas interdisciplinares é:

a. definir um tema comum a ser desenvolvido pelas diferentes áreas.

b. conhecer profundamente os conteúdos a serem desenvolvidos.

c. compreender que teoria e prática não devem ser dissociadas.

d. relacionar-se bem com seus alunos e dominar os conteúdos de todas as áreas de conhecimento.

e. a articulação entre as diferentes áreas do conhecimento, buscando integrarem seus trabalhos.

(10)

Os temas transversais
no currículo escolar

Márcia Rosa da Costa

Neste capítulo, serão abordados o significado dado aos temas transversais, as formas de sua inserção nos currículos escolares, as características inerentes a eles, bem como a contribuição que os temas transversais podem suscitar no desenvolvimento de uma educação de valores no espaço escolar.

(10.1)
O que são os temas transversais?

Nos últimos tempos, temos acompanhado importantes modificações no cenário escolar. A escola tem deixado de ser um local destinado unicamente à difusão dos conhecimentos historicamente acumulados pela humanidade, devendo ser também um local para a promoção de vivência, de atitudes e valores, cujos fins estejam relacionados com a promoção de condutas de respeito, tolerância e cooperação.

Assim, seu papel deixa de ter um enfoque centrado em conteúdos conceituais, para abarcar as dimensões afetivas e atitudinais, tendo em vista que a finalidade da educação é o desenvolvimento integral dos indivíduos.

O desenvolvimento das capacidades integrais supõe não só atender as capacidades cognitivas, mas também as afetivas, motoras, de relações interpessoais, de inserção e atuação social. Dentro dessa perspectiva, a escola precisa rever o modo como conduz a tarefa pedagógica.

Sabemos que os conhecimentos escolares são oriundos de conteúdos disciplinares organizados em áreas curriculares, mas também sabemos que os conhecimentos escolares devem estar relacionados com a realidade e com as experiências que os alunos vivenciam cotidianamente fora do ambiente escolar.

Um dos desafios que se impõe à escola é o de buscar conexões entre os conteúdos desenvolvidos nas áreas e os que surgem espontaneamente da vida cotidiana. Assim, as áreas podem se enriquecer, tornando os conteúdos mais significativos ao trazer temas da realidade e da vivência dos alunos para estudo e aprofundamento em sala de aula.

A escola pode tornar possível a síntese entre o desenvolvimento das diferentes capacidades do ser humano, reconhecendo seus conhecimentos prévios, suas aprendizagens cotidianas, mas também adotando uma atitude mais crítica e construtiva a favor do desenvolvimento de valores éticos fundamentais.

Os temas transversais surgem nesse contexto como uma proposta para tornar presentes nos currículos escolares temas que discutam um conjunto de valores básicos para a vida em sociedade de forma mais solidária e cooperativa.

Os temas transversais passaram a ser tratados na educação mediante questionamentos realizados em vários países sobre o papel social da escola, perante as transformações e as características que foram se configurando na sociedade atual, como os avanços nas tecnologias e a globalização.

De acordo com Araújo (2003), um dos países que aprofundou essa proposta foi a Espanha, que, ao reestruturar o seu sistema escolar, em 1989, fez a inclusão de temas transversais sistematizados em um conjunto de conteúdos considerados essenciais para a sua realidade.

Os temas transversais devem ser abordados por várias disciplinas, não como conteúdos paralelos adicionados ao currículo escolar, mas fazendo parte da dinâmica diária do processo de ensino-aprendizagem. São transversais porque devem perpassar todos os campos curriculares do plano de estudos da escola.

A transversalidade é o espírito, o clima e o dinamismo humanizador que pode caracterizar o trabalho pedagógico e o ato de educar na escola. Os temas transversais são conteúdos educativos que podem ser definidos por apresentar três características:

- relação com a realidade e os problemas sociais;
- conteúdos fundamentalmente relativos a valores e atitudes;
- conteúdos que podem se desenvolver como parte integrante de qualquer área curricular.

De acordo com Yus (1998), os temas transversais fazem referência a problemas e conflitos que afetam a natureza, a humanidade e o próprio indivíduo. São conteúdos com um importante componente moral, de atitudes, valores e normas cujo propósito é contribuir com a formação integral do aluno. Os temas assumem um caráter transversal, tanto no espaço como no tempo, quando se desenvolvem nas áreas curriculares a partir de um enfoque globalizador ou interdisciplinar, mas também quando se tornam presentes nas atividades escolares, no ambiente e nas relações sociais.

(10.2)
Os temas transversais, o processo de ensino-aprendizagem e a postura do educador

O processo de aprendizagem inicial e essencial deve ser aquele em que a problemática da realidade social abordada pelos temas transversais esteja contextualizada dentro dos conteúdos programados em todas ou em cada uma das áreas, principalmente no que diz respeito à abordagem dos conteúdos atitudinais.

Assim, os objetivos e os conteúdos dos temas transversais se farão presentes no currículo em sua totalidade e na programação curricular de todas as áreas.

Como resultado dessa conexão entre as áreas e os temas transversais, as áreas terão um trabalho redimensionado e enriquecido pela realidade em que os alunos vivem, tornando as aprendizagens mais significativas.

Em outras palavras, um primeiro passo para o desenvolvimento do trabalho pedagógico com temas transversais é buscar na realidade dos alunos temas que enfoquem problemáticas sociais vivenciadas direta ou indiretamente por eles, para serem abordados pelas diferentes áreas do conhecimento.

No momento em que esses temas forem tratados com maior significado, adquirindo sentido pelos alunos, os temas transversais deixarão de ser um conteúdo à parte e passarão a integrar efetivamente o processo de ensino-aprendizagem.

Outro processo complementar é o inverso desse: trata-se de desenvolver o pensamento crítico e reflexivo sobre a realidade através dos problemas e dos conflitos sociais; seria aprender a lidar com as diferentes situações a partir da reflexão sobre o que vivenciam.

Nesse caso, os projetos são planejados a partir de situações vivenciadas ou problemas cotidianos da vida social trazidos pelos alunos, que se tornam ferramentas de trabalho que possibilitam o desenvolvimento de aprendizagens básicas nas áreas. Ou seja, por intermédio dessas situações, os alunos desenvolvem uma série de capacidades e habilidades (como de análise e crítica) que serão úteis para a análise e a compreensão crítica da realidade e para a adoção de valores e atitudes em qualquer âmbito.

Podemos apontar várias contribuições do trabalho com os temas transversais, sendo que algumas delas:

a. estão sempre relacionadas a questões problemáticas da sociedade e dos modelos de desenvolvimento, como violação dos direitos humanos, desequilíbrio ecológico, discriminação, violências de todos os tipos, injustiças sociais etc.;

b. destacam a importância da introdução desse tipo de problemática no âmbito escolar, com um enfoque crítico e dinâmico e não como simples conteúdos escolares;

c. estão relacionadas a uma proposta de renovação dos métodos de ensino-aprendizagem, que, a partir de uma reflexão crítica, contribua para o rompimento de visões tradicionais da condução dos processos educativos;

d. estão relacionadas ao trabalho de educação em valores, já que os problemas abordados dizem respeito a questões de ordem ética e moral, com o objetivo de reconhecer, refletir e educar por meio dos conflitos e dos problemas existentes na sociedade;

e. são temas que permitem abordagens globais e complexas, facilitando a compreensão de fenômenos que dificilmente seriam entendidos pela ótica de somente uma área de conhecimento.

Os temas transversais podem ser abordados a partir de diferentes estratégias que podem ser complementares e se organizar:

a. como conteúdo permanente, com um conjunto de características definindo os projetos educativos de caráter formativo e cultural, que estejam intimamente ligados a opções básicas da comunidade a que a escola pertença;

b. como conteúdo temático ou disciplinar, o que supõe que haja atividades ou programas que se ajustem mais que outros aos diferentes temas transversais. Ainda assim, os conteúdos transversais devem estar ligados aos eixos fundamentais de cada atividade ou programa e devem ser desenvolvidos no cotidiano escolar. Quando concebidos como valores intrínsecos, esses temas são incorporados facilmente, pois se referem a questões ligadas à vida, à natureza, à liberdade, ao cuidado com a saúde etc., podendo estar presentes na maioria dos programas curriculares, fazendo parte dos conhecimentos escolares;

c. como temas pontuais, pois o tratamento dos temas transversais como temas pontuais se refere à possibilidade de um trabalho pontual com cada uma das temáticas, aproveitando determinadas datas ou acontecimentos. Nesses momentos, as pessoas participantes recebem informações sobre os temas, pelos meios de comunicação ou por outros meios que permitem complementar a ação educativa.

Para que tudo isso seja possível, é necessário que a equipe de professores se reúna e reflita sobre a importância desses temas na formação dos seus alunos, possibilitando um planejamento cooperativo e conjunto.

Os temas transversais, de acordo com a forma como são abordados, podem até se tornar sem sentido, descontextualizados e, dessa sorte, recair nas criticadas rotinas de escola tradicional, em que as aulas geralmente acontecem em forma de exposições orais sobre o tema.

O desenvolvimento efetivo e significativo do trabalho com temas transversais só tem sentido quando imerso em uma filosofia educativa, de um projeto formativo e de um currículo das diferentes áreas de conhecimento e matérias específicas, quando se traduz em metas e ações concretas assumidas pelos diferentes agentes que fazem parte de todo processo educativo (professores, monitores, coordenadores etc.).

A educação sobre temas transversais deve envolver inicialmente a formação permanente dos educadores.

Um trabalho efetivo e qualificado com temas transversais depende, em grande parte, dos educadores e dos responsáveis pelo trabalho pedagógico das escolas (como coordenadores, supervisores, orientadores educacionais).

Nem os melhores programas, nem os melhores materiais pedagógicos podem ter o efeito desejado se os responsáveis pelo seu desenvolvimento, os professores, não os conhecerem e estudarem os temas em questão. Ou seja, os educadores precisam se apropriar dos conteúdos e compreender as temáticas para poderem conduzir o processo de aprendizagem.

Isso não significa que os educadores tenham que ser especialistas em temas transversais, significa que eles têm a possibilidade de discutir e definir conteúdos e experiências educativas essenciais, que devem perpassar todas as áreas de conhecimento, níveis de ensino e que tenham emergido de problemáticas sociais pertinentes à realidade na qual estão imersos.

Sem dúvida, essa abordagem leva a uma prática educativa que exige uma postura diferente do professor, uma postura mais difícil, pois significa um maior contato entre professores, implicando a busca de afinidades conceituais e metodológicas entre as diferentes disciplinas.

Assim, é necessário incentivar ações cooperativas entre os educadores, permitindo as trocas entre as disciplinas, por exemplo, com a realização de reuniões, oficinas, seminários, organização de grupos com professores de diferentes áreas, níveis de ensino etc. Isso possibilita a troca, a discussão e a formação continuada dos educadores, levando-os a refletir por meio de situações concretas.

Para auxiliar a organização do trabalho pedagógico, seguem algumas sugestões para orientar o planejamento curricular dos temas transversais.

a. Definição dos temas e dos objetivos de cada tema.
b. Problemas e alternativas de solução: verificação das melhores formas de incorporação dos temas transversais definidos no currículo.
c. Organização do desenvolvimento das ações: análise da equipe de trabalho e suas funções, relações que serão estabelecidas por meio do tema, princípios metodológicos, organização dos tempos e dos espaços para o trabalho conjunto dos educadores (como será feito o planejamento por grupos, por comissões, em seminários permanentes etc.).
d. Distribuição das tarefas entre grupos de trabalho, por temas, na equipe de professores: aprofundamento dos objetivos específicos em torno do tema transversal a ser tratado, busca da relação entre os objetivos específicos das diferentes disciplinas envolvidas, identificação dos possíveis conteúdos e tipos de ações, exemplos de atividades, aproveitamento de recursos em relação aos objetivos, aos conteúdos e às atividades, às bibliografias, às informações dos meios de comunicação e à internet, busca de outros recursos na comunidade, associações, serviços, especialistas etc. e avaliação.
e. Trabalho individual de cada educador sobre a formalização de sua prática e revisão, na perspectiva dos temas transversais, para destacar o que está fazendo em relação a esses temas e refletir sobre novos aspectos que melhorem sua prática: revisão individual da prática educativa – contexto e características dos alunos, objetivos específicos, métodos pedagógicos e conteúdos incluídos na programação.

Segundo Yus (1998), os temas transversais são uma boa oportunidade para globalizar o ensino e realizar uma verdadeira programação interdisciplinar. Têm a vantagem de estar em discussão na sociedade, pelas famílias, pelos alunos e pelos meios de comunicação. Por isso, na maioria das vezes, estão relacionados aos interesses dos alunos.

(10.3)
Os temas transversais propostos pelos Parâmetros Curriculares Nacionais (PCN)

O Ministério da Educação (MEC), ao organizar os Parâmetros Curriculares Nacionais (PCN), preocupou-se com uma proposição curricular que tivesse por base uma educação comprometida com a cidadania, como define o texto constitucional. Foram definidos, a partir disso, alguns princípios para orientar as propostas de trabalho educativo nas escolas. São eles:

> *Dignidade da pessoa humana – implica respeito aos direitos humanos, repúdio à discriminação de qualquer tipo, acesso a condições de vida digna, respeito mútuo nas relações interpessoais, públicas e privadas.*
> *Igualdade de direitos – refere-se à necessidade de garantir a todos a mesma dignidade e possibilidade de exercício de cidadania. Para tanto há que se considerar o princípio da equidade, isto é, que existem diferenças (étnicas, culturais, regionais, de gênero, etárias, religiosas, etc.) e desigualdades (socioeconômicas) que necessitam ser levadas em conta para que a igualdade seja efetivamente alcançada.*

Participação – como princípio democrático, traz a noção de cidadania ativa, isto é, da complementaridade entre a representação política tradicional e a participação popular no espaço público, compreendendo que não se trata de uma sociedade homogênea, e sim marcada por diferenças de classe, étnicas, religiosas, etc.

Corresponsabilidade pela vida social – implica partilhar com os poderes públicos e diferentes grupos sociais, organizados ou não, a responsabilidade pelos destinos da vida coletiva. É, nesse sentido, responsabilidade de todos a construção e a ampliação da democracia no Brasil. (Brasil, 1998)

Com base nesses princípios é que são propostos os temas transversais, que devem ser desenvolvidos ao longo da educação básica. Esses temas podem ser desenvolvidos nas diferentes áreas, tendo como finalidade básica o desenvolvimento da cidadania.

Fazem parte da formação ético-moral, juntamente com a formação científica, possibilitando assim o desenvolvimento de capacidades necessárias para uma participação social efetiva e a real formação integral dos alunos. De acordo com os PCN:

A transversalidade diz respeito à possibilidade de se estabelecer, na prática educativa, uma relação entre aprender na realidade e da realidade de conhecimentos teoricamente sistematizados (aprender sobre a realidade) e as questões da vida real (aprender na realidade e da realidade). (Brasil, 1998)

Ou seja, a transversalidade pode transpor as fronteiras do meramente cognitivo, implicado nos conteúdos conceituais, para trazer da realidade assuntos significativos que se configurem como conteúdos atitudinais.

Para o ensino fundamental, os temas transversais propostos pelos PCN são: ética, meio ambiente, pluralidade cultural, trabalho e consumo, saúde e educação sexual.

Esses temas foram propostos com base nos seguintes critérios: urgência social; abrangência nacional; possibilidade de ensino e aprendizagem no ensino fundamental; favorecimento da compreensão da realidade e da participação social; desenvolvimento das capacidades de posicionamento perante as questões que interferem na vida coletiva, para uma intervenção de forma responsável.

(10.4)
Estratégias metodológicas e avaliação dos temas transversais

As estratégias metodológicas são o ponto de fusão entre os objetivos e os conteúdos. Por isso, não existe um método melhor que outro em termos absolutos, uma vez que a eficácia dos métodos depende das situações e dos contextos em que se desenvolve o processo pedagógico. Uma estratégia metodológica é mais adequada quando se ajusta às necessidades e às formas de aprendizagem dos alunos.

Em relação às estratégias de ensino que envolvem valores e atitudes, os temas transversais apresentam características específicas quanto a procedimentos metodológicos e avaliativos.

Inicialmente, é importante reconhecer os maiores desafios do processo de avaliação, para depois serem destacadas algumas estratégias metodológicas.

A necessidade de avaliação do trabalho com os temas transversais é uma questão que não pode ser esquecida, pois, por meio da avaliação, é possível verificar quais os reajustes e as readaptações que são necessários na intervenção pedagógica a ser realizada pelos educadores (Yus, 1998).

Como a indicação é de que os temas sejam trabalhados de forma global, não devem ser realizadas avaliações específicas dos temas transversais. Por se tratar de conteúdos atitudinais, a observação é um procedimento ao qual geralmente se recorre, constituindo-se em um importante instrumento de avaliação, desde que tenham sido estabelecidos quais os fatores que irão compor essa avaliação e como o professor realizará os registros. O cuidado com a observação como forma de avaliação é fundamental, para que não se torne um instrumento subjetivo de avaliação, sem critérios definidos, de acompanhamento e registro.

Os temas transversais, por tratarem de valores e atitudes, não podem ser avaliados por meio de provas, devido à imprecisão do conteúdo e à manifestação das experiências particulares de cada um.

A avaliação deve dar as orientações para o desenvolvimento de uma prática educativa centrada no desenvolvimento de processos de aprendizagem.

Em relação às estratégias para o desenvolvimento de uma abordagem transversal, o caráter atitudinal exige procedimentos metodológicos diferenciados, pois aqueles relacionados à transmissão conceitual perdem o sentido nessa proposta. Por isso, os métodos interativos são os que mais têm sentido.

Não há uma metodologia ou estratégias específicas para trabalhar com temas transversais. São consideradas ideais as que favorecem o estabelecimento do diálogo e a participação dos alunos, a interação entre eles e com os educadores.

Esses procedimentos metodológicos devem apresentar algumas características, que o educador pode observar. Algumas delas são:

- estratégias em que o tema possa ser explorado de diversas formas, para que as diferentes áreas do conhecimento possam se tornar presentes e os conceitos possam ser explorados. Exemplo: um filme que apresente a temática de forma problematizadora suscitando debates e análises;
- atividades motivadoras priorizando o diálogo, o desenvolvimento e a expressão de posicionamentos críticos em relação ao tema;
- reflexão sobre situações de conflito vivenciadas no grupo;
- desenvolvimento de atividades fora da escola, em outros locais de aprendizagem;
- promover o trabalho cooperativo e de grupos, pois esse tipo de convivência se constitui em um dos principais recursos para o aprendizado de situações que envolvem os conteúdos atitudinais.

As estratégias metodológicas a ser empregadas devem propiciar a participação dos alunos, o desenvolvimento da capacidade de análise e a reflexão sobre seus atos e os dos outros, que são necessários para o desenvolvimento dos valores e do posicionamento perante os fatos sociais do mundo.

A metodologia é, assim, um meio importante mediante o qual é possível motivar o aluno, investigar seus desejos de aprendizagem e conhecimento, possibilitando interações entre os grupos de alunos.

Como você pôde observar, os temas transversais não são apenas mais uma tarefa a ser desenvolvida pelo professor na escola, são enfoques interessantes e polêmicos que devem suscitar a curiosidade dos alunos, de modo que sejam interessantes a eles.

De forma geral, são temas relacionados ao âmbito das atitudes e dos valores, por isso podem estar relacionados a uma educação de valores.

Assim, o importante é que o professor possa discutir com os seus colegas, em escolas e espaços de formação, essa proposta, bem como refletir sobre seus referenciais.

Indicação cultural

YUS, Rafael. *Temas transversais*: em busca de uma nova escola. Porto Alegre: Artmed, 1998.

O livro apresenta a importância dos temas transversais para que a escola possa trazer problemáticas sociais a serem discutidas e refletidas.

O autor organiza o livro em três grandes capítulos, abordando a caracterização e a concretização curricular dos temas transversais e as estratégicas didáticas para os temas transversais.

Yus apresenta uma discussão sobre o papel da escola e a necessidade de uma organização adequada do currículo escolar em torno de temas transversais, problematizando, assim, desde o projeto educativo da escola até o trabalho de sala de aula.

Atividades

1. O processo de aprendizagem inicial e essencial deve ser aquele em que a problemática da realidade social abordada pelos temas transversais esteja contextualizada:
   a. nos programas das disciplinas da área das ciências sociais, principalmente no que diz respeito à abordagem dos conteúdos atitudinais.
   b. no programa de duas disciplinas, principalmente no que diz respeito à abordagem dos conteúdos procedimentais.
   c. nos programas de todas ou quase todas as disciplinas, principalmente no que diz respeito à abordagem dos conteúdos atitudinais.
   d. nos programas de todas ou quase todas as disciplinas, principalmente no que diz respeito à abordagem dos conteúdos procedimentais e conceituais.
   e. nos programas das disciplinas da área das ciências sociais, principalmente no que diz respeito à abordagem dos conteúdos procedimentais e conceituais.

2. Os temas transversais surgem no contexto social atual como uma proposta para tornar presente nos currículos escolares temas que:
   a. discutam os valores relacionados às questões de discriminação social, para a vida em sociedade, de forma mais solidária e cooperativa.
   b. discutam um conjunto de valores básicos para a vida em sociedade, de modo que se forme os alunos para o ingresso em uma sociedade competitiva.
   c. discutam um conjunto de valores essenciais para o ingresso no mundo do trabalho e na sociedade competitiva.
   d. discutam um conjunto de conteúdos importantes para o aprendizado das competências de leitura e de raciocínio

lógico-matemático.

e. discutam um conjunto de valores básicos para a vida em sociedade de forma mais solidária e cooperativa.

3. Um primeiro passo para o desenvolvimento do trabalho pedagógico com temas transversais é:

   a. buscar nos meios de comunicação temas que enfoquem problemáticas ambientais vivenciadas direta ou indiretamente pelos alunos, para serem abordados pelas diferentes áreas do conhecimento.

   b. buscar na realidade dos alunos temas que enfoquem problemáticas sociais vivenciadas direta ou indiretamente pelos discentes, para serem abordados pelas diferentes áreas do conhecimento.

   c. buscar na realidade dos alunos situações relacionadas aos direitos humanos, para que esse tema seja abordado pelas diferentes áreas do conhecimento.

   d. buscar na realidade dos alunos temas que enfoquem problemáticas sociais vivenciadas indiretamente por eles, para serem abordados pelas disciplinas da área das ciências humanas.

   e. buscar na realidade dos alunos temas com enfoque ético e moral vivenciados direta ou indiretamente por eles, para serem abordados pelas disciplinas da área das ciências humanas.

4. Os procedimentos metodológicos sugeridos ao se trabalhar com temas transversais são:

   a. uso de estratégias mediante as quais o tema possa ser bem explorado por uma das disciplinas; atividades motivadoras para o desenvolvimento da expressão escrita e dos posicionamentos críticos em relação ao tema; situações de reflexão sobre conflitos vivenciados em grupo;

desenvolvimento de atividades fora da escola; promoção de trabalhos cooperativos e de grupos.

b. uso de estratégias mediante as quais o tema possa ser explorado de diversas formas; atividades motivadoras priorizando o diálogo e o desenvolvimento da expressão dos posicionamentos críticos em relação ao tema; situações de reflexão sobre conflitos vivenciados em grupo; desenvolvimento de atividades somente no espaço escolar; promoção de trabalhos cooperativos e de grupos.

c. uso de estratégias mediante as quais o tema possa ser explorado de diversas formas; atividades motivadoras priorizando o diálogo e o desenvolvimento da expressão dos posicionamentos críticos em relação ao tema; situações de reflexão sobre conflitos vivenciados em grupo; desenvolvimento de atividades fora da escola; promoção de trabalhos individuais e desenvolvimento da escrita.

d. uso de estratégias mediante as quais o tema possa ser explorado de diversas formas; atividades motivadoras priorizando o diálogo e o desenvolvimento da expressão dos posicionamentos críticos em relação ao tema; situações de reflexão sobre conflitos vivenciados em grupo; desenvolvimento de atividades fora da escola; promoção de trabalhos cooperativos e de grupos.

e. uso de estratégias mediante as quais o tema possa ser explorado de diversas formas; atividades motivadoras priorizando o diálogo e o desenvolvimento da expressão dos posicionamentos críticos em relação ao tema; situações de reflexão sobre conflitos mundiais; desenvolvimento de atividades fora da escola; promoção de trabalhos cooperativos e de grupos.

5. A educação sobre temas transversais deve envolver inicialmente a formação permanente dos educadores. Um

trabalho efetivo e qualificado com temas transversais depende:

a. em grande parte dos educadores e dos responsáveis pelo trabalho pedagógico das escolas.
b. em grande parte, dos alunos, dos pais e dos professores.
c. em grande parte, somente da equipe diretiva da escola.
d. em grande parte, dos educadores e dos responsáveis pelo trabalho pedagógico das escolas (como coordenadores e supervisores).
e. em grande parte, dos educadores e dos responsáveis pelo trabalho pedagógico das escolas.

Referências

ALARCÃO, Isabel (Org.). *Escola reflexiva e nova racionalidade*. Porto Alegre: Artmed, 2001.

_____. *Escola reflexiva e supervisão*: uma escola em desenvolvimento e aprendizagem. Porto: Porto, 2000.

ALONSO, Myrtes; QUELUZ, Ana Gracinda. *O trabalho docente*: teoria e prática. 2. ed. São Paulo: Cengage Learning, 2003.

ÁLVAREZ, María Nieves. *Valores e temas transversais no currículo*. Porto Alegre: Artmed, 2002. v. 5.

ANASTASIOU, Léa das Graças Camargos; ALVES, Leonir Pessate (Org.). *Processos de ensinagem na universidade*: pressupostos para as estratégias de trabalho em aula. 6. ed. Joinville: Ed. da Univille, 2003.

ARAÚJO, Ulisses F. *Temas transversais e a estratégia de projetos*. São Paulo: Moderna, 2003.

ARROYO, Miguel G. *Ofício de mestre*: imagens e autoimagens. Petrópolis: Vozes, 2000.

BARBOSA, Maria Carmen S. Trabalhando com projetos na educação infantil. In: XAVIER, Maria Luisa M.; DALLA ZEN, Maria Isabel (Org.). *Planejamento em destaque*: análises menos convencionais. Porto Alegre: Mediação, 2000.

BARBOSA, Maria Carmen S.; HORN, Maria da Graça S. *Projetos pedagógicos na educação infantil*. Porto Alegre: Artmed, 2008.

BAUMAN, Zygmund. *Vida líquida*. Rio de Janeiro: Jorge Zahar, 2007.

BEDIER, Joseph. *Tristão e Isolda*: lenda medieval celta de amor. São Paulo: Martin Claret, 2006.

BEHRENS, Marilda. *O paradigma emergente e a prática pedagógica*. Petrópolis: Vozes, 2005.

BOUFLEUER, José Pedro. *Pedagogia latino-americana*: Freire e Dussel. Ijuí: Ed. da Unijuí, 1991. (Coleção Educação).

BRASIL. Ministério da Educação e Cultura. Secretaria de Educação a Distância. *Aprendendo projetos*. Brasília, 2000.

BRASIL. Ministério da Educação e do Desporto. Secretaria de Educação Fundamental. *Parâmetros Curriculares Nacionais*: terceiro e quarto ciclos do ensino fundamental. Brasília, 1998.

BUCK INSTITUTE FOR EDUCATION. *Aprendizagem baseada em projetos*: guia para professores de ensino fundamental e médio. Porto Alegre: Artmed, 2008.

BUSQUETS, Maria Dolors et al. *Temas transversais em educação*: bases para uma formação integral. 2. ed. São Paulo: Ática, 1999.

CASTELLS, Manuel. *A sociedade em rede*. 10. ed. São Paulo: Paz e Terra, 2001.

CENTRO DE INFORMAÇÕES MULTIEDUCAÇÃO. *Decroly e a educação*. Disponível em: <http://www.multirio.rj.gov.br/cime/ME01/ME01_024.html>. Acesso em: 9 jun. 2008.

CERVERÓ, Virginia Ferrer. De Penélope y Antígona y vice e versa: los desaprendizajes del professorado para la complejidad educativa. In: SANTOS REGO, Miguel A.; TOSTADO, Arturo Guillaumín (Ed.). *Avances em complejidad y educación*: teoria y práctica. Barcelona: Octaedro, 2006.

COMENIUS, Jan Amos. *Didática Magna*. São Paulo: M. Fontes, 2002.

DECROLY, Ovide. *Decroly*. Disponível em: <http://www.centrorefeducacional.pro.br/decroly.html>. Acesso em: 04 abr. 2008.

DELORS, Jacques. *Educação*: um tesouro a descobrir. 4. ed. São Paulo: Cortez, 2000.

DEWEY, John. *Experiência e educação*. 3. ed. São Paulo: Nacional, 1979.

_____. *Liberalismo, liberdade e cultura*. São Paulo: Nacional, 1970.

DOLL JÚNIOR, William E. *Currículo*: uma perspectiva pós-moderna. Porto Alegre: Artmed, 2002.

DOLZ, Joaquim; OLLAGNIER, Edmée. *O enigma da competência em educação*. Porto Alegre: Artmed, 2004.

DURKHEIM, Émile. *Educação e sociologia*. Lisboa: Edições 70, 2001.

EFEITO borboleta. *Direção*: Eric Bress. Produção: J. Mackye Gruber. EUA: Europa Filmes, 2004. 113 min.

ELIAS, Norbert. *Introdução à sociologia*. Lisboa: Edições 70, 1980.

FAURE, Edgard. *Aprender a ser*. Lisboa: Livraria Bertrand, 1972.

FAZENDA, Ivani (Org.). *Dicionário em construção*: interdisciplinaridade. 2. ed. São Paulo: Cortez, 2002.

FAZENDA, Ivani. *Interdisciplinaridade*: história, teoria e pesquisa. Campinas: Papirus, 1994.

_____. (Org.). *Interdisciplinaridade na formação de professores*: da teoria à prática. Canoas: Ed. da Ulbra, 2006.

FERREIRA, Aurelio Buarque de Holanda. *Mini Aurélio*: o dicionário da Língua Portuguesa. Curitiba: Positivo, 2004.

FOUCAULT, Michel. *A ordem do discurso*. Disponível em: <http://www.unb.br/fe/tef/filoesco/foucault/ordem.html>. Acesso em: 24 mar. 2008.

_____. *Arqueologia das ciências e história dos sistemas de pensamento*. Rio de Janeiro: Forense Universitária, 2000.

FREIRE, Paulo. *Pedagogia do oprimido*. 12. ed. Rio de Janeiro: Paz e Terra, 1983.

GANDIN, Adriana B. *Metodologia de projetos em sala de aula*: relato de uma experiência. São Paulo: Loyola, 2001. (Coleção Fazer e Transformar).

HALL, Stuart. A centralidade da cultura: notas sobre as revoluções culturais do nosso tempo. *Educação & Realidade*, Porto Alegre, v. 22, n. 2, p. 15-46, jul./dez. 1997.

HARRIS, Helm Juddy; BENEKE, Sallee. *O poder dos projetos*. Porto Alegre: Artmed, 2005.

HERNÁNDEZ, Fernando. *Transgressão e mudança na educação*: os projetos de trabalho. Porto Alegre: Artmed, 1998.

HERNÁNDEZ, Fernando; VENTURA, Montserrat. *A organização do currículo por projetos de trabalho*. Porto Alegre: Artes Médicas, 1998.

JOLIBERT, Josette. *Transformando a formação docente*: uma proposta didática em pesquisa-ação. Porto Alegre: Artmed, 2007.

JUNQUEIRA FILHO, Gabriel de A. *Interdisciplinaridade na pré-escola*: anotações de um educador "on the road". São Paulo: Pioneira, 1994.

KAUFMAN, Ana Maria; RODRIGUEZ, Maria Elena. *Escola, leitura e produção de textos*. Porto Alegre: Artmed, 1995.

KILPATRICK, William H. *Educação para uma civilização em mudança*. 12. ed. São Paulo: Melhoramentos, 1974.

_____. The Project Method: Teachers College Record. New York, n. 4. Sept. 1918, p. 319-335.

KUHN, Thomas. *A tensão essencial*. Lisboa: Edições 70, 1989.

LÁ VEM história: histórias do folclore brasileiro. Direção: Bia Bedran. Brasil: Cultura Marcas, 2005. 76 min.

LEITE, Elvira; MALPIQUE, Manuela; SANTOS, Milice R. *Trabalho de projecto*: aprender por projectos centrados em problemas. 2. ed. Porto: Edições Afrontamento, 1991.

LERNER, Delia. Ler e escrever na escola: o real, o possível e o necessário. Porto Alegre: Artmed, 2002.

LÜCK, Heloisa. Concepções e processos democráticos de gestão educacional. Petrópolis: Vozes, 2006.

____. Metodologia de projetos: uma ferramenta de planejamento e gestão. 3. ed. Petrópolis: Vozes, 2003.

____. Pedagogia interdisciplinar: fundamentos teórico-metodológicos. Petrópolis: Vozes, 1994.

LÜDKE, Menga. O trabalho com projetos e a avaliação na educação básica. In: SILVA, Janssen Felipe da; HOFFMANN, Jussara; ESTEBAN, Maria Teresa. Práticas avaliativas e aprendizagens significativas: em diferentes áreas do currículo. Porto Alegre: Mediação, 2003.

MARTÍN-BARBERO, Jesús. Dos meios às mediações: comunicação, cultura e hegemonia. Rio de Janeiro: Ed. da UFRJ, 2003.

MARTÍNEZ, Margarita Edith Canal. El grupo acadêmico de trabajo desde la pespectiva do pensamento complejo. In: SANTOS REGO, Miguel A.; TOSTADO, Arturo Guillaumín. Avances en complejidad y educación: teoría y práctica. Barcelona: Octaedro, 2006.

MARTINS, Jorge S. O trabalho com projetos de pesquisa: do ensino fundamental ao ensino médio. São Paulo: Papirus, 2001.

MEIRIEU, Philippe. A pedagogia entre o dizer e o fazer: a coragem de começar. Porto Alegre: Artmed, 2002.

MORIN, Edgar. A cabeça benfeita: repensar a reforma, reformar o pensamento. 10. ed. Rio de Janeiro: Bertrand Brasil, 2001a.

____. A inteligência da complexidade. São Paulo: Petrópolis, 2000.

____. A religação dos saberes: o desafio do século XXI. Rio de Janeiro: Bertrand Brasil, 2001b.

____. O problema epistemológico da complexidade. 3. ed. Portugal: Publicações Europa-América, 1996.

____. Os sete saberes necessários à educação do futuro. 2. ed. São Paulo: Cortez, 2003.

MORIN, Edgar; ALMEIDA, Maria da Conceição; CARVALHO, Edgard de Assis (Org.). Educação e complexidade: os sete saberes e outros ensaios. São Paulo: Cortez, 2002.

NECTOUX, Viviane et al. Projeto Identidade: eu e o mundo. Porto Alegre: Colégio Santa Inês, 2007. Projeto concluído.

NOGUEIRA, Nilbo Ribeiro. Pedagogia dos Projetos: uma jornada interdisciplinar rumo ao desenvolvimento das múltiplas inteligências. 4. ed. São Paulo: Érica, 2001.

NÓVOA, Antonio. O professor pesquisador e reflexivo. TVE Brasil. Entrevista. Disponível em: <http://www.tvebrasil.com.br/salto/entrevistas/antonio_novoa.htm>. Acesso em: 06 abr. 2008.

OLIVEIRA, Antonio Carlos de. Projetos pedagógicos: práticas interdisciplinares – uma abordagem para os temas transversais. São Paulo: Avercamp, 2005.

PARASKEVA, João; GANDIN, Luís Armando; HYPOLITO, Álvaro Moreira. A imperiosa necessidade de uma teoria e prática pedagógica crítica: diálogo com Jurjo Torres Santomé. Disponível em: <http://www.curriculosemfronteiras.org/vol4iss2articles/jurjo.htm>. Acesso em: 2 abr. de 2008.

PEREIRA, Maria Lúcia Toralles; CASSEMIRO, Rosemara Ribeiro; CYRINO, Elana Goldfarb. Formação de professores: reflexões a partir de estágio extracurricular oferecido pela universidade. In: FERNANDES, Cleoni Maria; GRILLO, Marlene (Org.). Educação superior: travessias e atravessamentos. Canoas: Ed. da Ulbra, 2001.

PÉREZ, Francisco Gutiérrez. Educación y complejidad en el intercâmbio de seres e saberes: grupos auto-organizados de aprendizaje. In: SANTOS REGO, Miguel A.; TOSTADO, Arturo Guillaumín. Avances en complejidad y educación: teoría y práctica. Barcelona: Octaedro, 2006.

PERRENOUD, Philippe. De uma metáfora a outra: transferir ou mobilizar conhecimentos. In: DOLZ, Joaquim; OLLAGNIER, Edmée. O enigma da competência em educação. Porto Alegre: Artmed, 2004.

____. Dez novas competências para ensinar. Porto Alegre: Artmed, 2000.

PERRENOUD, Philippe et al. As competências para ensinar no século XXI: a formação dos professores e o desafio da avaliação. Porto Alegre: Artmed, 2002.

PICAWY, Maria Maira. Gestão de instituições de ensino. Canoas: Ed. da Ulbra, 2007.

PIMENTA, Selma Garrido; SEVERINO, Antônio Joaquim. Apresentação da coleção. In: PIMENTA, Selma Garrido; ANASTASIOU, Lea das Graças Camargos. Docência no ensino superior. São Paulo: Cortez, 2005.

PISTRAK, Moisey. Fundamentos da escola do trabalho. São Paulo: Brasiliense, 1981.

RAMOS, Andréa Pereira. Você sabia? Conhecimentos e curiosidades a respeito do índio tupi-guarani e a Amazônia. Porto Alegre: Colégio Santa Inês, maio 2007. (Projetos Educação Infantil). Projeto concluído. Disponível em: <http://www.santainesrs.com.br/projetos/projetosalunos/dedeia_2007/dedeia_2007.htm#topo>. Acesso em: 9 jun. 2008.

REY, Bernard. As competências transversais em questão. Porto Alegre: Artmed, 2002.

RIOS, Rosana. Em algum lugar do lixão. São Paulo: Escala, 2007.

ROMANOWSKI, Joana Paulin. Formação e

profissionalização docente. 3. ed. Curitiba: Ibpex, 2007.

SÁ-CHAVES, Idália; AMARAL, Maria João. Supervisão reflexiva: a passagem do eu solitário ao eu solidário. In: ALARCÃO, Isabel (Org.). Escola reflexiva e supervisão: uma escola em desenvolvimento e aprendizagem. Porto: Porto, 2000.

SACRISTÁN, José Gimeno. A educação que ainda é possível: ensaios sobre uma cultura para a educação. Porto Alegre: Artmed, 2007.

SALOMÉ, Jacques. Súplica de uma criança aos seus professores. Disponível em: <http://fatimavieira.blogspot.com/2008/03/splica-de-uma-criana-aos-seus.html>. Acesso em: 9 jun. 2008.

SÁNCHEZ NÚÑEZ, José Antônio. Formación inicial para la docencia universitária. Disponível em: <http://www.rieoei.org/deloslectores/sanchez.PDF>. Acesso em: 18 mar. 2008.

SANTOMÉ, Jurjo Torres. A imperiosa necessidade de uma teoria e prática pedagógica radical crítica. Currículo sem Fronteiras, EUA, v. 4, n. 2, p. 5-32, jul./dez. 2004. Entrevista.

_____. Globalização e interdisciplinaridade: o currículo integrado. Porto Alegre: Artmed, 1998.

SCHMITT, Ligia R. A prática dos projetos. Revista de Educação, Porto Alegre, v. 3, n. 4, 2001.

SENGE, Peter. A quinta disciplina. São Paulo: Nova Cultural, 1990.

SENNETT, Richard. A cultura do novo capitalismo. Rio de Janeiro: Record, 2006.

TAINÁ 2: a aventura continua. Direção: Mauro Lima. Brasil: Columbia Pictures, 2005. 80 min.

THURLER, Mônica Gather. O desenvolvimento profissional dos professores: novos paradigmas, novas práticas. In: PERRENOUD, Philippe et al. As competências para ensinar no século XXI: a formação dos professores e o desafio da avaliação. Porto Alegre: Artmed, 2002.

TOURAINE, Alain. Um novo paradigma: para compreender o mundo moderno. Petrópolis: Vozes, 2006.

UMA verdade inconveniente. Direção: Al Gore. EUA: Paramount Home Entertainment, 2007. 96 min.

VASCONCELLOS, Celso dos S. Para onde vai o professor? Resgate do professor como sujeito de transformação. São Paulo: Libertad, 2005.

_____. Trabalho por Projeto. In: _____. Coordenação do trabalho pedagógico: do projeto político-pedagógico ao cotidiano da sala de aula. 5. ed. São Paulo: Libertad, 2004.

VIEIRA, Fátima. Velhos dependentes e ignorados pela família. Disponível em: <http://fatimavieira.blogspot.com>. Acesso em: 22 jul. 2008.

WILLIAMS, Márcia. Rei Artur e os Cavaleiros da Távola Redonda. São Paulo: Ática, 2005.

XAVIER, Maria Luisa M.; DALLA ZEN, Maria Isabel. Planejamento em destaque: análises menos convencionais. Porto Alegre: Mediação, 2000.

YUS, Rafael. Temas transversais: em busca de uma nova escola. Porto Alegre: Artmed, 1998.

ZABALA, Antoni. A prática educativa. Porto Alegre: Artmed, 1998.

_____. Enfoque globalizador e pensamento complexo: uma proposta para o currículo escolar. Porto Alegre: Artmed, 2002.

Gabarito

Capítulo 1

1. d
2. c
3. a
4. e
5. d

Capítulo 2

1. c
2. d
3. a
4. d
5. e

Capítulo 3

1. e
2. c
3. c
4. b
5. a

Capítulo 4

1. c
2. a
3. e
4. b
5. c

Capítulo 5
1. resposta pessoal
2. resposta pessoal
3. a
4. c
5. d
6. b
7. a

Capítulo 6
1. reflexão em sala de aula
2. a
3. e
4. b
5. c
6. d

Capítulo 7
1. a
2. b
c. b
4. a
5. a

Capítulo 8
1. b
2. c
3. e
4. b
5. a

Capítulo 9
1. b
2. d
3. a
4. c
5. e

Capítulo 10
1. c
2. e
3. b
4. d
5. a

Impressão: BSSCARD
Agosto/2013